Chris Thurman

Du kannst es nicht jedem recht machen

Chris Thurman

Du kannst es nicht jedem recht machen!

und andere Redensarten, die es in sich haben

Schulte & Gerth

Die amerikanische Originalausgabe erschien im Verlag
Thomas Nelson Publishers, Inc., Nashville, Tennessee,
unter dem Titel „The Truths We Must Believe“

Aus dem Amerikanischen übersetzt von Christian Rendel

Die Bibelstellen wurden zitiert
nach der Übersetzung Martin Luthers (1984),
Deutsche Bibelgesellschaft, Stuttgart 1985.

Bestell-Nr. 15 252
ISBN 3-89437-252-4
1. Auflage Juni 1993
2. Auflage November 1993
Umschlaggestaltung: Ursula Stephan
Satz: Typostudio Rücker & Schmidt
Druck und Verarbeitung: Ebner Ulm
Printed in Germany

Für ...

meine Frau Holly. Als wir heirateten, schwor ich, Dich für immer zu lieben und zu achten. Nach elf Jahren Ehe kann ich nur sagen ... für immer ist nicht lange genug.

meine Kinder Matthew, Ashley und Kelly. Euer Leben hat mir geholfen, die Freude und Begeisterung des Lebens wiederzuentdecken. Ich bete, daß ich ein Vater sein kann, der Euch die Wahrheit vorlebt, nicht einer, der nur darüber redet. Ihr seid mir so kostbar.

Inhalt

DRITTER TEIL:
DIE WAHRHEIT TUN UND ENDGÜLTIGE WAHRHEIT FINDEN

ANHANG

Danksagungen

Ohne die freundliche Unterstützung einer Reihe von Personen wäre dieses Buch nicht zustande gekommen. Daher möchte ich mir einen Augenblick Zeit nehmen, um ihnen für ihre unschätzbare Hilfe zu danken.

Ich weiß es sehr zu schätzen, wie die Belegschaft der Minirth-Meier-Klinik mich während meiner sechs Jahre dort in vielfältiger Weise unterstützt hat. Mein besonderer Dank gilt Dr. Frank Minirth und Dr. Paul Meier, die mir so viele Möglichkeiten boten, als Psychologe reiche Erfahrungen zu sammeln. Dank auch an die Mitarbeiter der Minirth-Meier-Tunnel-Wilson-Klinik, meiner gegenwärtigen beruflichen Heimat. Sie haben mir den Wechsel von Dallas nach Austin sehr erleichtert.

Die Mitarbeiter des Thomas Nelson Verlages waren wie immer phantastisch. Ich kann mir keinen Verlag vorstellen, der sich mehr für seine Autoren einsetzt. Besonders dankbar bin ich Janet Thoma, die meine Bemühungen als Autor von Anfang an begleitet hat, aber auch Susan Salmon für ihre kompetente und einfühlsame Endbearbeitung dieses Buches. Nicht zuletzt schulde ich Dr. Dennis Hensley großen Dank, der mir half, aus dem recht groben ersten Entwurf dieses Buches eine druckreife Endfassung zu entwickeln, und der meine Ausführungen durch viele Details bereichert hat.

Sehr verpflichtet bin ich auch den vielen Patienten, die mir einen tiefen Einblick in ihr Leben gewährten und mir die Bedeutung des Wortes „Mut“ vor Augen führten, indem sie sich der Wahrheit stellten. Ich schulde ihnen mehr, als sie ahnen.

Autoren danken oft ihren Ehepartnern für ihre Unterstützung und Ermutigung während der mühseligen schriftstellerischen Arbeit. Meine Frau Holly ist keine Ausnahme. Ich kann nicht aufzählen, auf welch vielfältige Weise sie mich begleitet und ermutigt hat. Danke, Holly, daß Du so bist, wie

Du bist, und mein Leben so sehr bereicherst. Du bist wirklich ein Geschenk Gottes.

Mein größter Dank gilt Gott dafür, daß er Gott ist, daß er mich liebt und daß er mich immer aufs Neue herausfordert. In meinem dritten Lebensjahrzehnt habe ich das Gefühl, daß ich gerade erst anfange zu begreifen, wer er ist und was er mit mir im Sinn hat. Gott ist Liebe, und das hat er mir immer wieder aufs Neue bewiesen. Gott ist aber auch Wahrheit. Wenn dieses Buch Wahrheit enthält, dann liegt es daran, daß Gott meine unbedeutenden Bemühungen benutzt, um Ihnen zu helfen, ein reifer und vollständiger Mensch zu werden. Ich hoffe und bete, daß er dieses Buch in Ihrem Leben genau dazu gebrauchen möge.

Dr. phil. Chris Thurman
Austin, Texas
August 1991

Einleitung

In meiner psychologischen Ausbildung hat man mir beigebracht, Patienten zu ermutigen, das Wort *müssen* in ihrem Wortschatz zu vermeiden. Der Hauptgrund dafür ist, daß das Wort *müssen* auf einen Mangel an Entscheidungsfreiheit schließen läßt und eher das Gefühl erzeugt, in einer Falle zu sitzen, als uns sehen zu lassen, daß wir Wahlmöglichkeiten im Leben haben. Für unsere geistige Gesundheit ist es von großer Bedeutung, daß wir unsere Freiheit zu wählen anerkennen und die Verantwortung für unsere Entscheidungen übernehmen. Deshalb empfehlen wir Psychologen den Leuten, statt „Ich muß …“ lieber „Ich beschließe …“ oder „Ich will …“ oder „Es wäre am besten für mich, wenn ich …“ zu sagen.

Nun mag es merkwürdig erscheinen, daß ich in diesem Buch häufig davon spreche, daß wir bestimmte Dinge einfach glauben *müssen*. Es klingt, als bliebe uns keine andere Wahl, als gewisse Wahrheiten zu glauben, wo ich doch in Wirklichkeit weiß, daß wir sehr wohl die Wahl haben, was wir glauben wollen und was nicht. Offen gesagt kann doch jeder glauben, was immer er will!

Doch ich möchte Sie herausfordern. Ich habe diese Einleitung geschrieben, weil ich Ihnen etwas verdeutlichen wollte, bevor Sie auch nur den ersten Satz des Buches lesen. Was ich Ihnen klarmachen will, ist folgendes: Um emotional gesund zu sein, *müssen* wir gewisse Wahrheiten glauben. Wir haben darin keine Wahl, denn wenn wir diese Wahrheiten nicht völlig verstehen, akzeptieren und in die Praxis umsetzen, können wir keine emotionale Gesundheit erreichen.

Es ist wie bei der körperlichen Gesundheit: Wir sind nicht dazu gezwungen, aber wenn wir sie wollen, dann müssen wir uns vernünftig ernähren, Sport treiben und uns ausreichend Entspannung gönnen. In ähnlicher Weise brauchen wir auf unserer Reise durchs Leben auch nicht geistig gesund zu sein, aber wenn wir es sein wollen, müssen wir die Wahrheit glauben und praktizieren. Einen anderen Weg gibt es nicht.

In diesem Buch werde ich Ihnen zwölf Wahrheiten vorstellen, die wir glauben „müssen", wenn wir emotional gesund werden wollen. Sicher könnte man weitere Wahrheiten hinzufügen, aber diese zwölf gehören zu den wichtigsten, die Ihnen in Ihrem Leben begegnen werden. Machen Sie sich sorgfältig damit vertraut. Fragen Sie sich ehrlich, ob Sie wirklich daran glauben. Prüfen Sie aufrichtig, ob Sie sie in Ihrem Leben praktizieren. Und am Ende des Buches werde ich Sie auffordern, aufrichtig zu prüfen, wer die Quelle dieser Wahrheiten ist.

Nehmen Sie die Wahrheiten, die in diesem Buch erörtert werden, so ernst wie möglich, denn Ihre emotionale Gesundheit und die Qualität Ihres Lebens hängen davon ab. So groß ist ihre Bedeutung. Wie William Lloyd Garrison einmal bemerkte: „In dem Maße, in dem wir die Wahrheit erkennen und annehmen, werden wir gerecht, heldenhaft, großherzig, gottähnlich."

Erster Teil:

Wahrheit und emotionale Gesundheit

Wahrheit ist für ein emotional gesundes Leben absolut notwendig

Alle Wahrheit ist eine Leistung. Munger

Männern widerstrebt es normalerweise, ihre tieferen Gefühle preiszugeben. Und wenn sie die Dinge schließlich nicht länger für sich behalten können, dann suchen sie sich oft einen anderen Mann, um „über alles zu reden".

Aber wenn es um ein wirklich tiefgreifendes Problem geht, das ihre persönliche Stabilität bedroht, dann umgehen sie ihre Golfkameraden, Arbeitskollegen und sogar ihre besten Freunde und wenden sich an Leute wie mich. Ich bin ein Zuhörer. Ein berufsmäßiger Zuhörer.

Bill brauchte einen Zuhörer. Er bat mich um einen Termin und kam an einem heißen Julinachmittag in mein Sprechzimmer. Er ließ sich in einen Sessel fallen und fuhr sich mit den Fingern durchs Haar. Seine Augen waren gerötet und von dunklen Rändern gezeichnet. Die frischen Kratzer in seinem Gesicht verrieten seine unruhige Hand bei der morgendlichen Rasur. Er wirkte ausgemergelt, wie ein Mann, der zu erschöpft ist, um weiter zu ringen, und sich doch vor Entsetzen nicht traut, die Augen zu schließen.

„Wie kann ich Ihnen helfen?" fragte ich.

Bill schwieg ein paar Sekunden und wartete, daß ich noch etwas sagen würde. Statt dessen lehnte ich mich nur zurück und wartete. Was auch immer es war, ich wußte, daß er sich die Worte unzählige Male zurechtgelegt hatte, bevor er mich überhaupt angerufen hatte. Ich ließ ihm Zeit, sich in seinem eigenen Tempo und auf seine eigene Weise zu erklären.

„Ich schnappe über", platzte er schließlich heraus. „Ich

weiß nicht, ob ich verrückt werde oder den Verstand verliere oder was! Ich bin völlig fertig, und wenn ich nicht bald wieder auf die Beine komme, weiß ich nicht, was aus mir werden soll. Ich brauche Hilfe."

„Bitte erzählen Sie weiter, ich höre zu."

„Ich habe noch nie so eine Zeit erlebt wie die vergangenen Monate", sagte er leise. „Es ist, als ob ständig eine schwarze Wolke über meinem Kopf schwebt. Ich bin völlig deprimiert. Jeder Tag ist eine Last. Nachts wälze ich mich im Bett hin und her, und mir graut vor jedem neuen Tag. Ich kann dieses Gefühl der Hoffnungslosigkeit einfach nicht abschütteln."

„Sieht ja rundum ziemlich übel aus", sagte ich. Ich wollte das Offensichtliche ausdrücken, in der Hoffnung, er würde näher erklären, was ihn plagte.

„Ja, ziemlich trübe Aussichten. Ich dachte, daß vielleicht gesundheitlich etwas nicht stimmt, und ließ mich von unserem Hausarzt gründlich in die Mangel nehmen. Er fand aber nichts. Keine Symptome. Keine Kopfschmerzen oder Magenkrämpfe oder Fieberzustände. Er meinte, es sei Streß. Ich solle mich öfter ausruhen und mir etwas Bewegung verschaffen. Das half aber alles nicht. Ich laufe immer noch herum wie ein Zombie. Ich bin noch einmal hingegangen und habe ihn um Schlaftabletten gebeten, aber er meinte, ich brauche etwas anderes. Ich solle mal mit jemandem wie Ihnen reden. Wissen Sie, mit einem ... einem ..."

„Einem Zuhörer?" half ich ihm.

Ein kaum merkliches Grinsen huschte über Bills Gesicht. „Ja, einem Zuhörer."

„Nun, ich bin froh, daß Sie sich entschlossen haben herzukommen. Sagen Sie, gab es irgendein Ereignis, das Ihre Depression ausgelöst haben könnte?"

„Ich weiß nicht", zögerte Bill und wedelte schwach mit einer Hand. „So dies und jenes. An der Arbeit ... zu Hause ... es läppert sich mit der Zeit alles zusammen."

„Ärger im Beruf, sagen Sie?"

„Ach ja, die Arbeit ist eine einzige Quälerei, seit uns im Februar ein Regierungsauftrag durch die Lappen ging. Es war mein Projekt – mein Baby von Anfang an. Ich hatte alles im Griff. Unsere Pläne waren die besten. Unsere Preise waren die niedrigsten. Unsere Garantien waren die zuverlässigsten. Jeder, der auch nur ein Gramm Verstand besitzt, hätte sofort gesehen, daß wir den Auftrag hätten bekommen müssen."

„Aber …?"

„Aber wir haben ihn nicht bekommen. Unser Hauptkonkurrent erhielt den Auftrag, wenn ich auch keine Ahnung habe, warum. Ich habe mein Bestes gegeben, aber wir haben verloren. Und diesen Auftrag zu verlieren bedeutete, jede Menge Geld zu verlieren – Riesensummen! Millionen! Jahre beständiger Arbeit! Niemand sagte etwas, aber ich hatte das Gefühl, daß alle denken, es sei mein Fehler gewesen; ich hätte es irgendwie vermasselt, und nun müßten alle unter meinem Versagen leiden. Ich spürte jeden Morgen, wenn ich ins Büro kam, wie sie mich anstarrten."

„Der Verlust dieses Auftrags war eine große Enttäuschung für Sie und Ihre Firma. Ich nehme an, das war nicht der erste große Auftrag, der Ihrer Firma entging."

„Das stimmt schon. Aber es passierte zu einer Zeit, wo ich mal etwas Positives in meinem Leben gebraucht hätte. Ich konnte keinen neuen Ärger verkraften. Mein Sohn – der mittlere – hatte Schwierigkeiten in der Schule. Er ist der netteste Junge, den Sie sich vorstellen können, aber er kommt einfach mit dem Lesen nicht zurecht. Er hat eine Lernschwäche. Seit zwei Jahren ist er deswegen in Behandlung, aber es geht nur langsam vorwärts. Er kann mit den anderen Kindern in seinem Alter nicht Schritt halten."

Bill stand auf, ging zum Fenster und bemühte sich, stark zu erscheinen, indem er seine Tränen wegblinzelte. Ich ließ ihm einen Moment der Stille, während er sich fing und an die Ereignisse des vergangenen Jahres zurückdachte.

„Man riet uns, ihn eine Klasse wiederholen zu lassen", fuhr Bill fort, „aber ich war dagegen. Ich hätte auf die Leute hören sollen. Nach dem nächsten Halbjahr hatte er in allen Fächern außer Mathematik und Sport den Anschluß an die

Klasse verloren. Meine Frau und ich sagten der Lehrerin, sie solle ihm helfen, so gut es ginge, und wir würden ihn diese Klasse wiederholen lassen."

„Das fiel Ihnen sehr schwer, nicht wahr?"

Bill nickte. „Es brach mir das Herz. Der Junge gab sich so viel Mühe, und ich mußte ihm sagen, daß er im nächsten Jahr dieselbe Klasse noch einmal machen würde", antwortete er, während wieder Tränen in seinen Augen aufstiegen.

„Es war fast, als wären Sie zusammen mit Ihrem Sohn an dieser Klasse gescheitert, nicht wahr?"

„Ich habe bei ihm versagt, soviel ist sicher. Und zwar genau zu der Zeit, als ich auch in der Firma versagt habe."

„Ein doppelter Schlag", versuchte ich zu trösten.

Bill verzog das Gesicht, wandte sich vom Fenster ab und ging zu seinem Sessel zurück. „Ein dreifacher Schlag. Um diese Zeit kam es zwischen meiner Frau und mir zu Spannungen. Sie fing wieder mit ihrer fixen Idee an, unbedingt ihr Traumhaus kaufen zu wollen. Na ja, das Preisschild an diesem Traumhaus ist ein Alptraum. Ich habe mir den Mund verbrannt, als ich ihr versprach, es kaufen zu können. Da habe ich ihr falsche Hoffnungen gemacht."

„Damals waren Sie bestimmt davon ausgegangen, daß Ihre Firma den großen Regierungsauftrag an Land ziehen würde", vermutete ich.

„Ja. Das hätte mir einen dicken Bonus und vermutlich auch eine Gehaltserhöhung eingebracht. Mit dem Geld hätten wir die höheren Abzahlungen verkraften können. Aber als aus dem Bonus und der Gehaltserhöhung nichts wurde, wollte meine Frau trotzdem das neue Haus haben. Sie hatte all unseren Freunden erzählt, daß wir umziehen würden. Sie meinte, wir würden uns total blamieren, wenn wir das größere Haus nicht kauften."

„Ich nehme an, Sie haben mit Ihrer Frau über Ihre finanzielle Situation gesprochen?"

„Ich habe es versucht. Glauben Sie mir, ich habe es versucht. Aber sie war in keiner sehr empfänglichen Stimmung – um es milde auszudrücken. Wenn sie so weitermacht, muß ich das neue Haus vielleicht wirklich kaufen. Es sieht so aus, als bliebe mir keine andere Wahl, wenn ich jemals wieder Frieden in der Familie haben will. Wie ich das bezahlen soll, weiß allerdings keiner. Es ist verrückt. Mein ganzes Leben ist verrückt. Vielleicht bin *ich* verrückt. Was meinen Sie? Habe ich nicht mehr alle Tassen im Schrank oder was?"

Ich lächelte beruhigend. „Nein, Bill, Sie sind nicht verrückt, Sie sind nur verletzt und verwirrt. Sie leiden unter einigen schmerzhaften Situationen, mit denen niemand so leicht fertig würde. Außerdem haben Sie die Wahrheit über Ihre Situation aus den Augen verloren."

Bills Kopf fuhr hoch. Seine Augen verengten sich, als ob ich ihn gerade einen Lügner genannt hätte. „He, ich habe mir dieses ganze Zeug nicht ausgedacht. Was ich Ihnen gesagt habe, ist wahr. Ich schwöre es!"

„Bill, ich glaube Ihnen ja, daß Sie mir die Wahrheit sagen, so gut Sie sie verstehen", sagte ich, „aber über Ihre Umstände gäbe es noch weit mehr Wahrheiten zu sagen, als Ihnen im Moment bewußt ist. Haben Sie jemals den Satz gehört: ‚Ihr werdet die Wahrheit erkennen, und die Wahrheit wird euch frei machen'?"

„Ja."

„Nun, in unserer gemeinsamen Arbeit möchte ich Ihnen zeigen, wie wahr diese Aussage ist. Die Wahrheit zu erkennen und dadurch befreit zu werden – darum geht es im Grunde bei der Lebensberatung. Hier in diesem Sprechzimmer wollen wir auf unsere Weise die Wahrheit über die Situationen herausfinden, die Sie quälen. Sind Sie bereit, es zu versuchen?"

„Okay", stimmte er schließlich zu. „Nur machen Sie bitte kein Entweder-Oder-Spiel daraus. Davon habe ich ein für allemal genug."

Die Herausforderung der Wahrheit

Thoreau schrieb einmal: „Die meisten Menschen führen ein Leben in stiller Verzweiflung." Genau solch ein Mensch war Bill. Er hatte sein Leben lang unter dem Druck emotionaler Spannungen gelitten und war verzweifelt gewesen, ohne zu wissen, wie er seine Probleme hätte lösen können. Vielleicht sind auch Sie oder jemand, den Sie kennen, „verzweifelt" auf der Suche nach einer Antwort, wie Sie mit dem emotionalen Aufruhr in schwierigen oder schmerzhaften Situationen fertigwerden können. Wenn das der Fall ist, kann Ihnen dieses Buch eine große Hilfe sein.

In den folgenden Kapiteln werde ich Ihnen die Wahrheiten nahebringen, die ich auch Bill und Hunderten anderer Männer und Frauen vermittelte, die ich beraten habe. Außerdem werde ich Ihnen zeigen, wie Sie in Ihrem Leben von der Wahrheit Gebrauch machen können, um emotional gesund zu werden. Die Quintessenz all dessen ist die folgende: *Der feste Wille, die Wahrheit zu erkennen und zu tun, ist die wichtigste Voraussetzung für emotionale Gesundheit.*

Die Wahrheit ist unsere Landkarte, mit der wir uns in den schwierigen Herausforderungen des Lebens zurechtfinden können. Ohne die Wahrheit können wir die Dinge, die uns passieren, nicht richtig bewerten oder erfolgreich überwinden. Wenn die Wahrheit uns nicht leitet, dann verirren wir uns und entwickeln emotionale Probleme, die nichts anderes sind als ein Signal, daß wir uns verirrt haben.

Leider ist das Erkennen und Tun der Wahrheit eine weit größere Herausforderung, als den meisten von uns klar ist. Die Menschheit hat immer vor dieser Schwierigkeit gestanden und ist, offen gesagt, nicht allzu gut damit fertiggeworden. Einige der großen Denker der Geschichte – Plato, Aristoteles, Descartes, Hume, Locke und zahllose andere – haben sich bemüht, die Wahrheit und ihre Umsetzung im Leben zu verstehen. Selbst Pontius Pilatus stellte Jesus Christus jene überaus wichtige Frage, die im Leben eines jeden Menschen beantwortet werden muß: „Was ist Wahrheit?" (Johannes 18,38). Wer es versäumt, diese eine Frage richtig zu beantworten, der hat das Wichtigste versäumt. Aus meinen eigenen Beobachtungen schließe ich, daß es relativ wenigen Menschen gelingt, die tieferen Wahrheiten des Lebens wirklich zu verstehen, geschweige denn sie konsequent in ihrem Leben anzuwenden.

Warum fällt es uns so schwer, die Wahrheit zu erkennen und zu tun? Auf diese Frage gibt es viele Antworten, doch die wichtigste Antwort ist ebenso einfach wie beängstigend. Die Wahrheit zu verstehen und entsprechend zu handeln erfordert enorme Entschlossenheit und großen Mut, und den meisten von uns fehlt einfach der Wille dazu. Es entspricht der menschlichen Natur, einer schwierigen Herausforderung auszuweichen, besonders wenn ein leichter Ausweg zur Verfügung steht. In seinem Buch *Der wunderbare Weg* drückt es der Psychiater M. Scott Peck so aus: „Aus Angst vor Schmerz versuchen wir fast alle mehr oder weniger, Problemen aus dem Weg zu gehen."[1]

Die Wahrheit zu entdecken und zu tun gehört zu den größten Herausforderungen des Lebens, und deshalb versuchen wir oft, uns davor zu drücken. Wir geben uns häufig mit Halbwahrheiten oder ausgewachsenen Lügen zufrieden, weil die sich normalerweise leichter beschaffen lassen als die Wahrheit. Es kostet auch nicht soviel Mühe, sie anzuwenden und zu leben, wie die Wahrheit. Es ist wie bei einem Studenten, der lieber die Rezension eines Buches liest, statt mühsam das ganze Originalwerk durchzuarbeiten, um tiefer zu verstehen, was der Autor ausdrücken wollte. Daß wir so handeln, ist ein Jammer. Wenn wir uns mit weniger als der vollen Wahrheit zufrieden geben, kleben wir nur ein Pflaster auf das, was uns in unserem Leben emotional quält, anstatt das Leiden wirklich zu heilen.

Als der Dichter Robert Frost einen Weg beschrieb, der sich in zwei Pfade gabelte, warnte er uns, daß der häufiger begangene Pfad leichter sein mag, letztlich aber weniger Befriedigung und Wachstum bringt, während der weniger begangene Weg zwar schwieriger sein mag, aber am Ende der lohnendere ist. An jedem Tag unseres Lebens befinden wir uns in diesem Dilemma einer Entscheidung zwischen dem schwierigeren, aber gesünderen Pfad der Wahrheit, den nur wenige gehen, und dem leichteren, aber ungesünderen Pfad der Lügen, den die meisten Menschen bevorzugen. Die Wahl, die wir jeden Tag an dieser „Weggabelung" treffen, ist entscheidend dafür, wie unser Leben verläuft.

In dem Buch *Alice im Wunderland* kam Alice an eine Wegkreuzung und fragte die Cheshire-Katze, welchen Weg sie einschlagen sollte. „Wo willst du denn hin?" fragte die Katze. „Das weiß ich nicht", antwortete Alice. „Oh", sagte die Katze, „wenn das so ist, dann kommst du auf beiden Wegen ans Ziel." Wenn das Ziel jedoch die emotionale Gesundheit ist, gelangt man nicht auf beiden Wegen dorthin. Wahrheit ist der einzige Weg zur emotionalen Gesundheit; einen anderen gibt es nicht.

Wenn Sie in Ihrem Leben den schwierigen Weg der Wahrheit gehen wollen, habe ich jedoch eine gute Nachricht für Sie. Diese gute Nachricht lautet, daß die Wahrheit jedem zur Verfügung steht, der sie sucht, und das bedeutet auch, daß emotionale Gesundheit für jeden erreichbar ist. Es spielt keine Rolle, ob Sie ein Mann oder eine Frau, schwarz oder weiß, jung oder alt, Russe oder Amerikaner, reich oder arm, gebildet oder ungebildet, in einer gestörten oder einer heilen Familie aufgewachsen sind. Die Wahrheit macht keine Unterschiede. Eine zweite gute Nachricht ist, daß die Wahrheit ein Leben in Fülle hervorbringt, von unnötigem Leid und Schmerz befreit und Glück in Form von Gelassenheit und Zufriedenheit in allen Lebensumständen ermöglicht. Die harte Arbeit, eine Person zu sein, die der Wahrheit verpflichtet ist, zahlt sich also reichlich aus.

Wir brauchen daher nie zu zweifeln: „Kann ich ein emotional gesunder, reifer, zufriedener, beherrschter, glücklicher und stabiler Mensch werden?" Die Antwort ist ein klares „Ja!" Die ehrlichere und schwierigere Frage, die wir uns stellen müssen, lautet: „Wünsche ich mir emotionale Gesundheit so sehr, daß ich bereit bin, den Preis dafür zu zahlen?"

Wenn Sie emotional gesund sein wollen, dann haben Sie eine große Herausforderung vor sich. Ein Leben in der Wahrheit wird Ihnen mehr abverlangen als alles andere, was Sie je versuchen werden: Alles! Das ist der Grund, warum die meisten von uns sich zwar emotionale Gesundheit wünschen, es aber irgendwann aufgeben, nach ihr zu streben. Es ist harte Arbeit.

Ob es Ihnen bewußt ist oder nicht, die Wahrheit ist das wichtigste Thema in Ihrem Leben. Sie ist wichtiger als Ihr Beruf, die Wahl Ihres Ehepartners oder die Höhe Ihres Gehalts, denn ein Leben ohne Wahrheit (oder mit Halbwahrheiten) ist eigentlich gar kein richtiges Leben. Es enthält nur wenig von der emotionalen Gesundheit, der Reife oder der Vollständigkeit, die die meisten Menschen erstreben.

Wenn Sie die Weggabelung erreicht haben, an der Sie sich zwischen Wahrheit und Lüge entscheiden müssen, und den Weg der Wahrheit einschlagen wollen, kann ich Ihnen eine Karte und einen Kompaß anbieten, die Ihnen helfen können, nicht vom Weg abzuirren. Als Psychologe konnte ich nicht nur mein eigenes Leben beobachten, wie Sie, sondern hatte darüber hinaus die Möglichkeit, einen tiefen Einblick in das Leben Hunderter anderer Menschen zu nehmen. Dieser günstige Beobachtungspunkt hat mir geholfen, viele der grundlegenden Wahrheiten zu verstehen, die für emotionale Gesundheit notwendig sind. Dieses Wissen möchte ich Ihnen in der Hoffnung vermitteln, daß es Ihnen auf Ihrer eigenen Reise durchs Leben von Nutzen sein wird.

Um Ihnen eine Vorstellung davon zu geben, was dieses Buch Ihnen zu bieten hat und wie erneuernd sich die Wahrheit auf das Leben auswirken kann, lassen Sie uns noch einmal zu meiner Sprechstunde mit Bill zurückkehren.

Es gibt immer eine Wahl

Ich betrachtete die Notizen, die ich mir gemacht hatte, während Bill mir von seinen Schwierigkeiten erzählte.

„Schön, Bill, betrachten wir einmal die Wahrheit der Situation mit Ihrem Sohn“, fing ich an. „Warum wollten Sie ihn letztes Jahr die Klasse nicht wiederholen lassen, als die Lehrerin das vorschlug?“

„Weil ich dumm war“, sagte Bill. „Ich hätte auf die Lehrerin hören und ihrem Vorschlag vertrauen sollen.“

Ich schüttelte den Kopf. „Nein, Sie haben sich nicht so entschieden, weil Sie dumm gewesen wären, Bill. Die Wahrheit ist, daß Sie nicht dumm sind. Also frage ich Sie noch einmal: Warum wollten Sie ihn letztes Jahr nicht die Klasse wiederholen lassen?“

Bill schaute mir direkt ins Gesicht, blinzelte ein paarmal und stammelte dann: „Weil ... weil ich hoffte, mein Sohn würde besser zurechtkommen, ohne den Schmerz und die Peinlichkeit des Sitzenbleibens ertragen zu müssen. Ich wollte nicht, daß die anderen Kinder sich über ihn lustig machen, als ob er ein Idiot wäre. Ich hoffte immer noch, daß irgendwie ein Wunder geschehen und er eines Tages anfangen würde zu lesen. Ich wollte an ihn glauben, auch wenn niemand anders es tat.“

„Und jetzt, Bill? Warum sind Sie jetzt bereit, ihn wiederholen zu lassen?“

„Weil es das Beste für ihn ist. Ich begreife das jetzt. Er hatte vollkommen den Anschluß verloren, und wenn wir jetzt nichts unternehmen, wird es so bleiben. So schmerzlich es für ihn auch ist: Das Jahr zu wiederholen wird ihm helfen, besser lesen zu lernen und seinen Rückstand aufzuholen.“

Ich nickte zustimmend.

„Sie sind ein guter Vater, Bill. Ein besserer Vater, als Ihnen bewußt ist. Ihre väterliche Fürsorge und Ihr Mitleid mit Ihrem Sohn hat Sie zunächst davon abgehalten, das zu tun, was für ihn das Beste war, aber Sie haben Ihren Fehler eingesehen und korrigiert. Sie haben erkannt, daß Ihr Sohn nur dann richtig lesen lernen wird, wenn er jetzt den Schmerz auf sich nimmt, die Klasse zu wiederholen. Es tat zwar weh, sich das einzugestehen, aber Sie haben sich der Wahrheit gestellt, daß jeder, der gewinnen will, auch leiden muß. Die Erkenntnis dieser Wahrheit gab Ihnen die Freiheit, das zu tun, was für Ihren Sohn richtig war. Aber Sie scheinen eine wichtige Wahrheit zu übersehen, die Ihnen jetzt eine Hilfe sein könnte."

„Ich bin ganz Ohr. Welche Wahrheit übersehe ich?" fragte er.

„Eine, die Sie schon tausendmal gehört haben, aber offenbar nicht mehr für sich selbst gelten lassen: daß Irren menschlich ist. So banal diese Wahrheit auch klingen mag, sie ist eine der Wahrheiten, die Sie jetzt am dringendsten brauchen. Sie sind nicht sehr nachsichtig mit sich selbst in bezug auf das, was Sie mit Ihrem Sohn gemacht haben oder was an Ihrem Arbeitsplatz passiert ist; Sie fühlen sich als Versager, obwohl Sie in Wirklichkeit in beiden Bereichen ziemlich gut sind."

Bill ließ sich langsam in seinen Sessel zurücksinken. Er massierte sein Gesicht mit den Händen und entspannte dann seine Schultern. Ich hörte, wie er leise seufzte.

„Ich verstehe, worauf Sie hinauswollen. Ich gebe mir nicht die Erlaubnis, bei meinen Kindern oder im Beruf Fehler zu machen. Ich schätze, ich habe ganz vergessen, daß es nur zu menschlich ist, Fehler zu machen."

„Das ist eine Wahrheit, die man leicht vergißt, aber für unsere emotionale Gesundheit hat es fatale Auswirkungen. Wahrheiten wie ‚Irren ist menschlich' und ‚Wer gewinnen will, muß leiden' sind Bausteine der emotionalen Gesundheit. Wenn wir sie außer acht lassen, sind unnötige emotionale Schmerzen die Folge. Das Leid, das Sie durchgemacht haben, hängt weniger mit den Leseschwierigkeiten Ihres Sohnes, dem beruflichen Rückschlag oder den Auseinandersetzungen mit Ihrer Frau zusammen als mit dieser und anderen grundlegenden Wahrheiten, die Sie aus den Augen verloren haben."

„Das wirft ein neues Licht auf die Dinge. Als Sie erwähnten, daß die Wahrheit Menschen frei macht, habe ich das innerlich als einen dieser wohlgemeinten Sprüche abgetan. Aber es stimmt wirklich. Hm, wie wäre es mit einer weiteren Runde?"

„Klar. Schauen wir uns die Situation mit Ihrer Frau und dem neuen Haus an. Sie sagten, Sie hätten das Gefühl, Ihnen bliebe keine Wahl; Sie müßten das Haus kaufen, ob Sie es sich nun leisten können oder nicht."

„Mhm."

„Nun, wie steht es damit, Bill? Ist das wirklich die Wahrheit? Müssen Sie dieses Haus kaufen? Kann Ihre Frau Sie zwingen, dieses neue Haus zu kaufen?"

„Na ja ... sie kann mich nicht mit Gewalt dazu bringen ... das heißt, sie kann mich nicht zwingen, den Vertrag zu ... ich meine ... äh ..."

„Was Sie meinen, ist, daß Sie natürlich schon die Wahl haben", warf ich ein, um ihn direkt mit der Situation zu konfrontieren. „Niemand – nicht einmal Ihre Frau – kann Sie zu etwas zwingen, wovon Sie wissen, daß es fahrlässig und unlogisch wäre. Stimmt das nicht?"

Bill runzelte nachdenklich die Stirn. Er wurde ernst.

„Ja", stimmte er zu. „Ja, natürlich habe ich die Wahl." Er machte eine Pause und fügte dann hinzu: „Ich muß das Haus nicht kaufen, das meine Frau haben will. Ich schätze, ich rede mir nur ein, es zu müssen, und fühle mich am Ende dadurch in der Falle. Vielleicht stelle ich mir selbst eine Falle."

„Ich glaube, daß das so ist, Bill. Wir reden uns oft ein, dieses oder jenes tun zu müssen, und stellen uns damit selbst eine Falle. Am Ende tun wir Dinge, die wir nicht wollen oder von denen wir genau wissen, daß sie falsch sind. Die Wahrheit ist doch, daß wir überhaupt nichts tun müssen, was wir nicht für richtig halten. Sie und Ihre Frau müssen gemeinsam die schwere Entscheidung treffen, ob Sie ein neues Haus kaufen oder nicht, aber es ist wichtig, sich klar zu machen, daß Sie es nicht kaufen müssen. Diese Wahrheit kann Ihnen die Freiheit geben, das zu verfolgen, was Sie für das Beste halten, anstatt nur um des lieben Friedens willen nachzugeben und dann hinterher die ganze Sache zu bereuen."

„Diese Sache mit der Wahrheit fängt an, mir einzuleuchten", gab Bill zu. „Ich wußte gar nicht, daß ich mich von diesen grundlegenden Wahrheiten so weit entfernt hatte. Ich sehe jetzt, daß einiges von der emotionalen Belastung, die ich empfunden habe, nur dadurch bedingt war. Ich habe heute mehr gelernt, als ich erwartet hatte. Was Sie sagten, hat mir wirklich geholfen. Hm, vielleicht können wir beim nächsten Mal über einige andere Dinge sprechen, die mir noch zu schaffen machen."

„Gern", nickte ich. „Wir werden die ganze Sache gemeinsam aufarbeiten."

Und das taten wir auch. Während der nächsten sechs Monate setzte ich mich einmal in der Woche mit Bill zusammen und stellte ihm Fragen, durch die er sich die Wahrheit über seine jeweiligen Probleme bewußt machen konnte. Er entwickelte großes Geschick darin, sich der Wahrheit zu stellen, ohne seinen Optimismus zu verlieren. Bills emotionale Gesundheit verbesserte sich zusehends. Am Ende dieses Buches werde ich Sie noch einmal an Bill erinnern und Ihnen einen letzten Blick auf seine Bemühungen vermitteln, ein Leben auf der Basis der Wahrheit zu führen.

Bringen Sie die Wahrheit auf Ihre Seite

Was Bill über die Wahrheit lernte, können Sie genauso erreichen und lernen, mit Hilfe der Wahrheit durchs Leben zu navigieren. Indem Sie die Wahrheit erkennen und tun, fördern Sie Ihre emotionale Gesundheit. Doch lassen Sie mich zuerst noch einige Worte sagen, um die Dinge in die richtige Perspektive zu rücken.

Keine der Wahrheiten, die ich in den folgenden Kapiteln erörtern werde, ist neu. Salomo, der weiseste Mensch der Geschichte, sagte, daß es nichts Neues unter der Sonne gibt. Die Zeit hat ihm recht gegeben. Wenn Sie die Ausführungen über die einzelnen Wahrheiten lesen, mögen Sie vielleicht denken: *Das habe ich schon einmal gehört* oder: *Das weiß ich doch alles selbst.* Glauben Sie jedoch bitte nicht, daß Sie diese Wahrheiten wirklich kennen und verstehen, nur weil Sie sie vielleicht schon einmal gehört haben.

Wahrheiten müssen betrachtet und erörtert werden, auch wenn Sie sie schon tausendmal gehört haben. A. P. Herbert schrieb: „Stellen Sie sich vor, wie wenig gute Musik es gäbe, wenn ein Dirigent sich weigerte, Beethovens fünfte Symphonie zu spielen, weil sein Publikum sie schon einmal gehört haben könnte." Überlegen Sie, wie wenige Wahrheiten wir erörtern könnten, wenn wir nicht auch die zur Sprache bringen würden, die wir schon einmal gehört haben.

Die Wahrheiten, um die es in diesem Buch geht, müssen wir ebenso wie schöne Symphonien immer wieder hören, bis wir sie auch im kleinsten Detail erfassen. *So* wichtig sind sie. Meine Hoffnung ist es, diese „alten" Wahrheiten so auszuloten, daß sie klarer, bedeutungsvoller, ja lebensverändernd werden. Dinge, die es schon eine Weile gibt, verlieren oft an Frische und Kraft. Deshalb werde ich versuchen, diese vertrauten Wahrheiten neu zu deuten und zeitgemäß anzuwenden.

Das nächste Kapitel des Buches enthält die, wie ich meine, zwölf wichtigsten Wahrheiten für ein emotional gesundes Leben sowie praktische Möglichkeiten, in Ihrem Leben Nutzen daraus zu ziehen. Am Ende jedes Kapitels bekommen Sie die Gelegenheit, das Gelernte auf Ihre eigenen täglichen Konfrontationen und Herausforderungen anzuwenden.

Am Ende des Buches schließlich werde ich versuchen, Ihr Denken mit der Frage herauszufordern, ob es eine letzte Quelle der Wahrheit gibt, und wenn ja, welche Bedeutung sie für Ihr Leben haben könnte.

Zweiter Teil:

Zwölf zweifelsfreie Wahrheiten für ein emotional gesundes Leben

Irren ist menschlich

Wenn Sie am Anfang keinen Erfolg haben, dann liegen Sie ziemlich im Durchschnitt.
M.H. Alderson

Das haben Sie oft genug gehört, stimmt's? „Irren ist menschlich, vergeben ist göttlich." Gewiß kennen Sie das, aber ich möchte wetten, daß Sie nicht wirklich *glauben,* daß es normal ist, Fehler zu machen. Meine Vermutung ist, daß Sie jeden Tag losziehen und versuchen, vollkommen oder zumindest halb vollkommen zu sein, und dann enttäuscht oder regelrecht verärgert sind, wenn Sie einen Fehler gemacht haben. Tief in Ihrem privaten Keller heimlicher Überzeugungen hängen Sie wahrscheinlich immer noch der Vorstellung nach, Sie müßten in allen Bereichen Ihres Lebens stets eine Eins plus erreichen.

Die meisten von uns hassen es, Fehler zu machen, und das nicht nur, weil es Zeit und Energie kostet, sie zu korrigieren. Es liegt daran, daß sie ein Beweis für eine Tatsache sind, die wir nicht wahrhaben wollen: daß wir nicht vollkommen sind. Viele von uns bemühen sich vergeblich um Vollkommenheit und kämpfen verbissen gegen die grundlegende Wahrheit, daß wir alles andere sind als das. Es widerstrebt uns irgendwie, unsere Unvollkommenheit zu akzeptieren. Und deshalb versuchen wir immer wieder, vollkommen zu sein, obwohl es uns nie gelingen kann.

Verstehen Sie mich jetzt bitte nicht falsch. Ich bin nicht gegen den Kampfgeist, der niemals aufgibt, wenn es um eine lohnende Sache geht. Ich habe jedesmal gejubelt, wenn Rocky Balboa wieder vom Boden aufstand, nachdem er im Ring niedergeschlagen worden war. Jeder liebt und bewundert Leute, die einen Weg bis zum Ende gehen.

In der Schule hatte ich Sportlehrer, die mir sämtliche diesbezüglichen Klischees eingebläut haben – „Sieger geben niemals auf, und wer aufgibt, siegt nie“; „Was uns nicht umbringt, macht uns nur härter“; „Indianer kennen keinen Schmerz“ – und bis zu einem gewissen Grad kann ich das auch unterstützen. Ich bin nicht dafür, gleich das Handtuch zu werfen, sobald etwas nicht klappt.

Sorgen macht es mir, wenn unser Perfektionismus uns bei jedem Fehler in Selbstzweifel stürzt. Das ist nicht nur lächerlich, sondern gefährlich.

„Inwiefern gefährlich?“ fragen Sie vielleicht.

Bei einem Menschen, der Irren für dumm hält, löst jeder Fehler sofort eine Selbstbeschimpfungs-Litanei aus, die etwa so klingt:

Du blöder Idiot! Was ist mit dir los? Wie konntest du nur etwas so Schwachsinniges tun? Kein Mensch auf diesem Planeten hat jemals etwas so Hirnrissiges getan. Nur du bist blöd genug, so einen Mist zu bauen. Großartig, du Schwachkopf! Alle werden denken, daß du der größte Depp bist, der je geboren wurde. Du verdienst das elende Leben, das du führst, weil du von Anfang an nichts als ein Verlierer bist. Schande über dich!

Der Zorn, die Angst, die Schuldgefühle, die Verlegenheit und die Sorge eines solchen Menschen können sich ins Unerträgliche steigern, wenn diese Selbstzerfleischung nicht aufhört. Stellen Sie sich vor, welchen Schaden das Selbstwertgefühl und das Selbstvertrauen unter diesen Umständen nehmen muß. Auch auf die Beziehungen zu anderen Menschen wirkt sich diese Haltung verheerend aus. Der insgeheime Anspruch der Vollkommenheit ist eine der emotional schädlichsten Ansichten, mit denen Menschen fertig werden müssen.

Ein Mensch, der Irren für menschlich hält, geht mit Irrtümern und Fehlern anders um. Sobald er einen Fehler macht, reagiert er innerlich ungefähr so:

Ich habe einfach Mist gebaut. Das gefällt mir nicht, aber es ist so. Es wird einige Zeit dauern, das wieder in Ordnung zu bringen, also sollte ich am besten gleich damit anfangen. Genau dasselbe hat Linda gestern gemacht. Jetzt weiß ich, wie sie sich dabei gefühlt haben muß. Eigentlich sehe ich ständig Leute derartige Fehler machen. Ich will möglichst wenige Fehler machen; deshalb werde ich versuchen, die Dinge zu korrigieren, die zu diesem Fehler geführt haben. Das ist kein Weltuntergang. Ich bin schließlich auch nur ein Mensch.

Der emotionale Druck dieses Menschen bleibt in ziemlich erträglichen Grenzen und hindert ihn nicht daran, Fehler zu korrigieren und weiterzugehen. Dieser Mensch fügt sich selbst nicht wegen eines einzigen Fehlers unnötigen Schmerz zu. Der Fehler war schon schmerzlich und kostspielig genug. Den Schaden durch emotionale Selbstbeschimpfung zu vergrößern wäre sinnlos. Diese Person kann sich ihren menschlichen Schwächen stellen, ja sie sogar akzeptieren, und dann ihren Weg weitergehen. Und das ist emotional gesund.

Warum war die erste Person nicht in der Lage, so zu reagieren? Manche Menschen hegen starke Gefühle der Scham und der Minderwertigkeit, die auf ihren Schultern lasten und sie nach unten drücken, während sie sich die Treppe des Lebens emporschleppen. Und als ob die Last der Scham und der Minderwertigkeit nicht schon ausreichte, lassen sie sich eine Lösung einfallen, die alles nur noch schlimmer macht. Sie reden sich ein, sie könnten die Minderwertigkeitsgefühle vertreiben, indem sie einfach keine Fehler mehr machen.

Leute, die nach dem Motto „Irren ist dumm" leben, haben ein so schlechtes Bild von sich selbst, daß sie glauben, ihr Problem nur überwinden zu können, indem sie ins andere Extrem verfallen: Sie versuchen vollkommen zu sein. Natürlich verschärft das nur das Problem. Es kann ihnen nie gelingen, weil jeder neue Fehler ihren Mangel an Vollkommenheit unterstreicht und neue Selbstbeschimpfungen und Depressionen auslöst. Es ist ein endloser Teufelskreis.

Zorn und Fehler: Ein häufiges Gespann

Eine meiner Patientinnen, Alicia, ringt auf einer sehr tiefen Ebene um die Wahrheit, daß Irren tatsächlich sehr menschlich ist. Sie hat ihr ganzes Leben lang das Gegenteil geglaubt und sich jedesmal gehaßt, wenn sie irgendeinen Fehler machte. In unseren Gesprächen stellte sich heraus, daß sie als Kind für jeden Fehler scharf kritisiert wurde. Ihre Eltern verfestigten in ihr die Auffassung, persönliche Irrtümer seien nicht zu dulden. Als Erwachsene hielt sie weiter an diesem früherlernten Denkschema fest.

Probleme mit Zorn und Depressionen veranlaßten Alicia, sich in Beratung zu begeben, aber sie nutzte unsere Sprechstunden oft nur zur Verteidigung ihrer Überzeugung, daß Fehler für alle anderen normal seien, nur nicht für sie. Ich widersprach ihr immer wieder in der Hoffnung, die Mauer zum Einsturz zu bringen, die sie errichtet hatte, um ihre Menschlichkeit zu verbergen. Hier ist ein typisches Beispiel für unsere Gespräche:

„Worüber möchten Sie heute gerne sprechen?“ fragte ich sie.

„Nun, ich bin diese Woche wirklich wütend. Auf alles. Die kleinste Sache kann mich zum Explodieren bringen“, sagte Alicia.

„Erzählen Sie mir mehr.“

„Im Büro haben ein paar Dinge nicht geklappt. Ich habe einen Brief vermasselt, den ich für meinen Chef schreiben sollte. Das war blöd von mir. Als ich dann nach Hause kam, schrie ich Chuck an, weil er etwas nicht getan hatte, das er mir versprochen hatte.“

„Was, glauben Sie, ist die Ursache für Ihren Zorn?“

„Keine Ahnung. Sie sind der Doktor, sagen Sie es mir“, antwortete Alicia ausweichend. Eigentlich hatte sie keine Lust, sich mit sich selbst zu beschäftigen.

„Kommen Sie, Alicia, versuchen Sie es. Ich glaube, Sie wissen, was los ist, nicht wahr?“

„Ich soll zugeben, daß ich bei mir selbst oder bei anderen

keine Fehler akzeptiere, und daß ich einen Wutanfall bekomme, wenn ich oder andere doch einen Fehler machen. Das wollen Sie von mir hören, stimmt's?"

Ich schüttelte den Kopf. „Was *ich* von Ihnen hören will, spielt überhaupt keine Rolle. Worauf es ankommt, ist die Wahrheit. Ist es nicht das, worum es uns bei diesen Sitzungen eigentlich geht?"

„Ich glaube schon", sagte sie widerstrebend, „aber mir scheint, daß es wirklich dumm und völlig vermeidbar ist, Fehler zu machen. Ich kann es einfach nicht ertragen, wenn so blöde Dinge passieren."

Ich schaute Alicia direkt an. „Wir wissen doch beide, daß diese Vorstellung, Fehler seien dumm, Ihnen vor langer Zeit eingeschärft wurde."

Alicia verdrehte die Augen nach oben. „Alle Wege führen nach Hause, was?" meinte sie. „Also schön, ja, ich habe das von meinen Eltern. Sie haben nie locker gelassen. Sie haben mich ständig überwacht. Ich konnte ihren Maßstäben nie genügen, und wenn ich versagte, dann zogen sie über mich her."

Plötzlich stiegen ihr bittere Tränen in die Augen.

„Es hat sehr weh getan, wie sie Sie behandelt haben, nicht wahr?" antwortete ich in der Hoffnung, daß ihre Tränen nicht so schnell versiegten. Sie brauchte die emotionale Erleichterung.

„Ja. Sehr", nickte Alicia.

„Mir scheint, daß Ihre Eltern einen Maßstab anlegten, dem niemand hätte entsprechen können, aber Ihnen ist das nie bewußt geworden. Sie haben seither selbst immer denselben Maßstab angelegt."

„Ich glaube, das stimmt. Jedenfalls kann ich es mir selbst nie recht machen, und auch andere können meinem Maßstab nicht gerecht werden", gab sie zu.

„Nun, ich sage Ihnen, was ich denke. Wenn niemand einem Maßstab entspricht, dann ist es an der Zeit, einen anderen Maßstab anzulegen."

„Könnte sein", sagte sie ohne große Überzeugung.

„Alicia, ich glaube, wenn Sie nur bereit wären, diesen

Maßstab, den Sie von Ihren Eltern übernommen haben, ehrlich unter die Lupe zu nehmen, dann würden Sie sehen, daß Sie ihn wegwerfen und durch einen realistischeren und menschlicheren Maßstab ersetzen müssen. Ihre Eltern haben Ihnen beigebracht, Irren sei dumm und unverzeihlich, und wie alle Kinder haben Sie Ihren Eltern geglaubt. Doch leider waren sie in diesem Bereich im Irrtum. Das müssen Sie erkennen. Sie werden Ihre chronischen Beschwerden mit Zorn und Depressionen niemals überwinden, solange Sie sich nicht die Erlaubnis geben, auch einmal einen Fehler zu machen. Selbst wenn es ein großer Fehler ist."

„Ich werde nie den Gedanken akzeptieren, daß Fehler in Ordnung sind", antwortete sie trotzig, indem sie das geistige Tonband abspulte, das Ihre Eltern ihr eingepflanzt hatten.

„Dann wird es Ihnen nie besser gehen!" antwortete ich ebenso trotzig.

„Wollen Sie mir weismachen, daß ich meine Fehler *mögen* muß?"

„Nein", antwortete ich. „Fehler zu akzeptieren und Fehler zu mögen sind zwei verschiedene Dinge. Ich sage Ihnen nur offen und ehrlich, daß Sie niemals emotional gesund sein werden, wenn Sie sich weiterhin weigern zu akzeptieren, daß Fehlermachen zum Leben dazugehört – zu Ihrem Leben ebenso wie zum Leben jedes anderen. Sie brauchen Ihre Fehler gewiß nicht zu mögen, aber Sie müssen sie als etwas betrachten, das zum Leben dazugehört."

„Diese Unterscheidung zwischen akzeptieren und mögen scheint mir aber hauchdünn zu sein."

„Vielleicht. Aber es ist eine Unterscheidung, die sich lohnt."

Alicia zuckte die Achseln. „Ich sage Ihnen ganz offen: Ich will eigentlich nicht tun, was Sie sagen. Aber ich weiß, daß ich etwas unternehmen muß. Ich werde es versuchen und sehen, was daraus wird."

„Das ist ein Anfang", ermutigte ich sie. „Ich bin zuversichtlich, daß Sie es schaffen werden."

Wie menschlich ist es, Fehler zu machen?

Sind Fehler menschlich oder nicht? Wie bei Alicia wird es auch bei Ihnen von entscheidender Wichtigkeit sein, wie Sie diese Frage beantworten. Wenn Sie zu dem Schluß kommen, Fehler seien unnormal, wird das Ihr Leben lang zu Selbstzerfleischung und emotionalem Druck führen. Wenn Sie dagegen die Wahrheit erkennen, daß Fehler einfach unausweichlich zum Menschsein dazugehören, werden Wachstum und innerer Frieden die Folge sein.

Lassen Sie mich noch einmal betonen: „Irren ist menschlich" bedeutet nicht, daß wir laufend Fehler machen können, ohne zu versuchen, sie zu korrigieren. Sie dürfen nicht erwarten, im Leben Erfolg zu haben, wenn Sie denken: „Na, da ich nun einmal nicht vollkommen bin, werde ich eben unvollkommen sein, ohne mir deswegen Sorgen zu machen." Ein Mangel an echtem Streben nach Qualität ist ein ebenso schwerer Fehler wie der Anspruch, vollkommen zu sein. Beide weichen der Wahrheit aus. Wir sind zwar unvollkommen, aber fähig, Qualität und Verbesserung zu erreichen.

Jedem Menschen unterlaufen Fehler. Aber aus Gleichgültigkeit oder Achtlosigkeit Fehler zu machen ist nicht gesund. Jerry Jenkins drückte es humorvoll aus: „Irren ist menschlich, aber wenn Ihr Radiergummi eher verbraucht ist als Ihr Bleistift, übertreiben Sie es."

Die Wahrheit erkennen

Was Alicia letztlich half, ihre Sucht nach Vollkommenheit in den Griff zu bekommen, war eine nützliche Übung, die auch Sie anwenden können.

Diese Übung beinhaltet die Umsetzung dessen, was ich das „TRUTH-System" nenne.[2] Jeder Buchstabe des Akronyms TRUTH (Wahrheit) steht für einen wichtigen Punkt in Ihrem Bemühen, zu emotionaler Reife zu gelangen.

Das erste *T* steht für den „auslösenden Tatbestand", ein

Ereignis oder eine Situation, die ihnen widerfährt. Sie sitzen im Kino, und hinter Ihnen unterhält sich jemand zu laut. Oder Sie haben einen dringenden Termin und entdecken, daß Ihr Autoschlüssel im verschlossenen Wagen liegt. Schwerwiegender ist es, wenn Sie Ihre Stellung verlieren oder von dem plötzlichen, unerwarteten Tod eines geliebten Menschen erfahren.

Das *R* steht für „Reflexion“, für die Zeit, die Sie damit verbringen, über das Geschehene nachzudenken. Oft spricht man in diesem Zusammenhang auch von „Self-Talk“ (Selbstgespräch). Wenn Sie merken, daß Sie Ihre Schlüssel im Auto vergessen haben, reagieren Sie vielleicht mit Gedanken wie: *Was für ein Idiot ich bin. So ein Schwachsinn, ausgerechnet jetzt den Schlüssel im Auto zu lassen. Unglaublich! Jetzt werde ich meinen Termin verpassen, und alle werden sauer auf mich sein. Was bin ich doch für ein Depp!*

Das *U* steht für die „ungesunde Reaktion“, die ungesunden physiologischen, emotionalen und verhaltensmäßigen Reaktionen, die sich nach dem auslösenden Tatbestand und Ihren Reflexionen darüber einstellen. Sie sind unnötig schmerzhaft und unproduktiv. Wenn Sie zum Beispiel über das Malheur mit den Autoschlüsseln allzu frustriert und wütend sind, werden Sie physiologisch vermutlich mit beschleunigtem Herzschlag, einer Anspannung der Muskeln und beschleunigtem Atmen reagieren. Ihre emotionale Reaktion könnte eine Kombination aus zunehmender Wut und Sorge sein. Und im Verhalten könnte sich Ihre Reaktion darin zeigen, daß Sie gegen die Autotür treten und mit der Faust auf den Kotflügel schlagen. All diese Reaktionen schaden Ihnen nicht nur, sondern tragen auch nichts dazu bei, die Autoschlüssel wieder aus Ihrem Wagen herauszubekommen.

Das zweite *T* steht für „Truth“ – Wahrheit. An diesem Punkt müssen Sie sich der Wahrheit über den auslösenden Tatbestand stellen. Zum Beispiel haben wir in diesem Kapitel gelernt, daß Irren menschlich ist. Also könnten Sie, wenn Sie so neben Ihrem Auto stehen, sagen: „Okay, das ist zwar äußerst unangenehm, aber diesen Fehler machen etliche

Leute jeden Tag. Ich bin nicht der erste, der seine Autoschlüssel im Wagen eingeschlossen hat. Deswegen bin ich noch kein Idiot. Erfreut bin ich zwar nicht gerade darüber, aber es ist auch nicht das Ende der Welt. Wenn die Leute sauer sind, weil ich zu spät komme, werde ich ihnen eben erzählen, was passiert ist. Zweifellos ist ihnen das auch schon einmal passiert." Es kommt hier vor allem darauf an, sich selbst möglichst viel Wahrheit vor Augen zu führen, um gegen die Lügen und Verzerrungen anzukämpfen, die Sie sich im Stadium der „Reflexion" erzählt haben.

Das *H* schließlich steht für die „heilsame Reaktion". Nachdem Sie sich selbst die Wahrheit gesagt haben, müßte die Folge eine emotional gesündere Reaktion sein als die während des Stadiums der „Reflexion". Nachdem Sie sich zum Beispiel die Wahrheit über das Malheur mit dem Autoschlüssel vor Augen geführt haben, werden Sie wahrscheinlich feststellen, daß Sie ruhiger werden, nicht mehr so wütend sind und etwas zu unternehmen beginnen, um Ihr Dilemma zu lösen.

Nun kann es am Anfang sein, daß Sie sich zwar die Wahrheit sagen, aber nicht den Eindruck haben, daß sich Ihre Gefühle oder Ihr Verhalten dadurch ändern. Lassen Sie sich jedoch nicht entmutigen. Das bedeutet nur, daß die fehlerhaften und irrtümlichen Gedanken, die sich im Reflexionsstadium spontan einstellten, äußerst tief sitzen und fest in Ihnen verankert sind. Es wird einige Zeit und Mühe kosten, bevor Sie solche selbstzerstörerischen Gedanken – solche Lügen – durch die Wahrheit ersetzen können.

Jetzt versuchen Sie es

Sie haben in diesem Kapitel zwei wichtige Dinge gelernt: erstens, daß Irren menschlich ist; zweitens, daß das TRUTH-System Ihnen helfen kann, mit den Herausforderungen oder Krisen des Lebens fertig zu werden. Lassen Sie uns nun beides miteinander kombinieren. Ich werde Ihnen ein Szenario vorstellen, und Sie können das TRUTH-System darauf anwenden, um (zum Nutzen Ihrer emotionalen Gesundheit) zu beweisen, daß Irren menschlich ist. Benutzen Sie die vorgegebenen Leerzeilen, um Ihre Reaktionen zu notieren.

Sagen wir, Sie befinden sich auf einer wichtigen gesellschaftlichen Veranstaltung und tragen Ihre beste Kleidung. Ohne Vorwarnung löst sich plötzlich eine fettige, mit roter Sauce garnierte Vorspeise von dem Spießchen, das Sie in der Hand halten, und verteilt sich mitten auf Ihrem Hemd oder Ihrer Bluse. Soweit der „auslösende Tatbestand".

Was meinen Sie nun, wie Sie in dieser Situation reagiert hätten? Schreiben Sie auf, was Sie Ihrer Meinung nach denken würden.

Welche physiologischen Reaktionen würden Sie vermutlich zeigen?

Welche Emotionen würden sich einstellen, wenn Ihnen das passiert wäre?

Schließlich, wie würden Sie sich verhalten?

Ich hätte ungefähr so reagiert:

Tatbestand: mein schönes, sauberes Hemd mit einer Vorspeise bekleckert.

Reflexion: *Thurman, du Idiot. Nur einem gesellschaftlichen Trampel wie dir kann so etwas Blödes passieren. Kein anderer auf dieser Party hat sich so tölpelhaft benommen. Du siehst aus wie ein Clown ohne Zirkus. Bestimmt starrt dich jeder im Saal an. Du kannst von Glück sagen, wenn du in deinem Leben je wieder zu einem gesellschaftlichen Anlaß eingeladen wirst.*

Ungesunde Reaktionen:
Physiologisch: Herzschlag beginnt zu jagen, Muskeln verspannen sich, fange an zu schwitzen.
Emotional: fühle mich ängstlich, gedemütigt, verlegen, unbehaglich.
Verhalten: verdecke sofort den Fleck auf meinem Hemd mit der Hand und gehe eilig zur Toilette, wo ich fieberhaft daran arbeite, den Schmutz zu entfernen.

Jetzt wird es Zeit für **T** wie Truth. Was wäre in diesem Szenario die Wahrheit über den Vorfall? Nehmen Sie sich eine Minute Zeit, um die Wahrheit über einen Fleck auf dem Hemd bei einem wichtigen gesellschaftlichen Anlaß niederzuschreiben.

____

____

____

Nun, wie sind Sie damit zurechtgekommen, sich der Wahrheit zu stellen? Wie viele Wahrheiten sind Ihnen zu diesem Vorfall eingefallen? Es kann sein, daß Ihnen gar keine eingefallen sind, vielleicht aber auch mehrere. Eines ist jedoch sicher: Sie haben gemerkt, daß es eine Herausforderung ist, die Wahrheit zu finden und sich ihr zu stellen.

Für mich sieht die Wahrheit über diese Situation etwa so aus:

He, du hast eben einen Fehler gemacht. Das ist nicht das Ende der Welt. Eigentlich hat es niemand bemerkt, und selbst wenn, dann verspüren sie wahrscheinlich Mitgefühl. Vielleicht kannst du sogar einen Witz daraus machen, um die Atmosphäre etwas aufzulockern (sag den Gastgebern, daß die Vorspeise nicht nur dir geschmeckt hat, sondern auch deinem Hemd). Sei dankbar, daß du dir keine Batteriesäure übers Hemd gegossen hast. Jetzt geh, mach dich sauber, und dann komm zurück und genieße die Party.

Wie, glauben Sie, wäre Ihre **H**-Phase ausgefallen, die heilsame Reaktion? Hätte die Wahrheit Ihnen wirklich geholfen, sich physiologisch, emotional und verhaltensmäßig zu beruhigen, oder wären Sie trotz allem immer noch sehr aufgeregt?

Wenn Sie meinen, daß die Wahrheit Sie nicht beruhigt hätte, wäre es ratsam, sich jetzt eine Minute Zeit zu nehmen und zu überlegen, woran das liegt. Vielleicht sind Sie wie Alicia an einen Punkt gekommen, wo die Wahrheit Ihnen nicht so hilft, wie sie es eigentlich müßte. Vielleicht ist Ihr geistiger „Wahrheitsmuskel" durch jahrelange Bewegungsarmut etwas verkümmert. Doch seien Sie zuversichtlich. Durch Übung kann die Wahrheit wieder stärker werden als alles andere in Ihrem Denken, und Sie werden die emotionale Gesundheit finden, die Ihnen gefehlt hat.

Machen Sie sich keine Sorgen, wenn es Ihnen noch schwerfällt, mit jedem einzelnen Schritt des TRUTH-Systems zurechtzukommen. Es ist wie beim Fahrradfahren. Man fühlt sich am Anfang etwas unbeholfen, aber durch Übung wird es mit der Zeit zum Kinderspiel. Um sicherzustellen, daß Sie sich in der Wahrheit üben, werde ich am Ende der folgenden Kapitel immer auf das TRUTH-System zurückkommen.

Das Leben ist nicht so, wie es sein sollte

Was mich betrifft, so bin ich, welch innere Not es auch kosten mag, bereit, die ganze Wahrheit zu erkennen; das Schlimmste zu erfahren und mich darauf vorzubereiten. Patrick Henry

Hören Sie einmal den Leuten zu und achten Sie darauf, wie oft sie das Wort *sollen* oder irgendeine Variante davon gebrauchen:

„Das hätte ich nicht sagen sollen."

„Jeff hätte rechtzeitig kommen sollen."

„Meine Eltern hätten mich nicht so behandeln sollen, als ich klein war."

„Ann hätte mich schon gestern darüber informieren sollen."

„Die Dinge sollten anders sein, als sie sind."

Wann immer ich das Wort *sollen* in dieser Bedeutung höre oder selbst gebrauche, blinkt in meinem Kopf ein rotes Warnlicht auf und sagt mir, daß der Wirklichkeit soeben ein Bein gestellt wurde. Wie ich das meine? Nun, meistens wird das Wort *sollen* auf eine ideale Situation in einer vollkommenen Welt bezogen.

Mit solchen Formulierungen bringen wir zum Ausdruck, daß uns die Wirklichkeit, der wir uns gegenüber sehen, nicht gefällt. Wenn jemand sagt: „Er hätte nicht so spät kommen sollen", dann bedeutet das in Wirklichkeit: „Ich kann die Tatsache, daß er so spät gekommen ist, nicht akzeptieren." Dahinter verbirgt sich die Vision einer vollkommenen Welt, in der die Leute niemals zu spät kommen, und die mangelnde Bereitschaft, sich mit der Realität auseinanderzusetzen, so wie sie ist: Wer nicht sorgfältig mit seiner Zeit umgeht, kann nicht anders als immer wieder zu spät kommen. Es ist eigentlich sinnlos zu sagen: „Er hätte nicht zu spät kommen sollen“, wenn sein ganzes Verhalten gar nichts anderes erwarten ließ.

Ein Mensch, der diesen Zusammenhang offenbar erkannte, war der verstorbene Cheftrainer der Football-Mannschaft der Universität von Alabama, Paul „Bear“ Bryant. Seine „Crimson Tide“-Mannschaft galt als hoher Favorit gegen einen schwächeren Gegner. Doch es kam anders: Alabama verlor. In einem Interview nach dem Spiel wurde Bryant gefragt: „Wie fühlen Sie sich dabei, ein Spiel verloren zu haben, das Sie hätten gewinnen sollen?“ Den Berichten zufolge war seine Antwort: „Es kam, wie es kommen mußte.“

Was Trainer Bryant damit sagen wollte, war folgendes: „Vergessen wir dieses ganze Gerede, daß ‚das bessere Team immer gewinnt‘. Wir haben Bälle vermasselt, Pässe verschlagen und schlecht gemauert. Die andere Mannschaft hat das nicht getan. Angesichts der Tatsache, daß wir schlecht und die anderen gut gespielt haben, ist das Spiel genauso ausgegangen, wie es ausgehen mußte.“

Ich würde sagen, daß Trainer Bryant eine ziemlich klare Sicht der Realität hatte und bereit war, sich ihr zu stellen, anstatt ihr aus dem Weg zu gehen.

Wann immer ich einem Patienten zu helfen versuche, eine schmerzliche Realität in seinem Leben aufzuarbeiten, weiß ich, daß eine Menge Arbeit vor uns liegt, wenn der Betreffende sagt: „Ich hätte das nicht tun sollen“ oder: „Die anderen hätten sich mir gegenüber nicht so verhalten sollen.“ Solche Aussagen zeigen, daß der Patient die Realität nicht akzeptiert hat. Und solange er das nicht tut, kann er nicht wirklich emotional gesund werden. Ich möchte Ihnen ein konkretes Beispiel aus einem meiner Beratungsgespräche geben.

Cheryl war eine unglückliche Frau. Sie war attraktiv, sie war mit einem guten Mann verheiratet, und sie hatte drei prächtige kleine Kinder. Aber Cheryl hatte auch große emotionale Probleme. Sie kam wegen der Depressionen und der niedrigen Selbstachtung zu mir, mit denen sie chronisch zu kämpfen hatte. Als wir ihre Kindheit durchforsteten, offenbarte sie mir, daß sie von ihrem Vater sexuell mißbraucht worden war. Es war eine ungemein schmerzliche Erfahrung gewesen, wie Sie sich vorstellen können, und es fiel ihr außerordentlich schwer, die Tatsache zu akzeptieren, daß das wirklich geschehen war.

Als wir über diesen Mißbrauch sprachen, stieß Cheryl unter Tränen hervor: „Er hätte mir das nicht antun sollen!" Diese Aussage zeigte, daß Cheryl sich dem, was ihr passiert war, noch nicht gestellt hatte, sondern immer noch an einer idealisierten Sicht der Beziehung zwischen Vater und Tochter und überhaupt der ganzen Welt festhielt. Um sie zum Überdenken dieser Einstellung herauszufordern, stellte ich ihr eine Frage, die sie überraschte.

„Warum hätte er Ihnen das nicht antun sollen?"

„Wie meinen Sie das?" Cheryl schrie beinahe. „Wollen Sie damit sagen, es wäre in Ordnung, daß er mich sexuell mißbraucht hat?"

„Nein, natürlich nicht. Aber Sie sagten, er hätte Sie nicht mißbrauchen *sollen,* als ob Väter niemals so etwas täten."

„Nun, das *sollten* sie auch nicht tun", schoß sie zurück.

„Cheryl, ich höre Sie sagen, daß Sie wünschten, er hätte Sie nicht mißbraucht, und das wünschte ich gewiß auch. Was er getan hat, war furchtbar. Aber in der wirklichen Welt kommt es vor, daß Väter ihre Töchter sexuell mißbrauchen. Ihr Vater war ein schwer gestörter Mann, und gestörte Männer mißbrauchen manchmal ihre Töchter. Es ist nicht richtig, und ich bitte Sie gewiß nicht zu behaupten, Sie seien froh, daß er das getan hat; aber wenn Sie sagen, er hätte es nicht tun sollen, sehen Sie die Situation nicht so, wie sie wirklich war. Daß er Sie sexuell mißbraucht hat, stimmt mit der Tatsache überein, daß er ein kranker Mann war. Im Grunde wäre es angesichts seiner schweren Störung sogar noch überraschender gewesen, wenn er Sie *nicht* sexuell mißbraucht hätte."

Cheryl wurde wütend. „Was soll ich denn Ihrer Meinung nach sonst sagen?“ gab sie bitter zurück. „Daß ich mich jetzt viel besser fühle, wo ich weiß, daß sein Verhalten mit seiner Krankheit übereinstimmte?“

„Nicht im mindesten“, versicherte ich ihr. „Ich versuche nur, Ihnen deutlich zu machen, daß Sie sich offenbar weigern, sich mit der Tatsache auseinanderzusetzen, daß er es eben doch getan hat. Sie verstecken sich immer noch vor der Wahrheit darüber, was er getan hat und wie sehr Sie das bis heute verletzt. Wenn Sie immer wieder sagen: ‚Er hätte es nicht tun sollen‘, bleiben Sie auf der Flucht vor der Tatsache, daß er es getan hat. Wenn Sie sich nicht der Wahrheit stellen, werden Sie auch nicht in der Lage sein, die Wunden zu heilen, die er Ihnen zugefügt hat. Sie wollen doch, daß es Ihnen besser geht, oder nicht?“

„Ja, ja“, sagte Cheryl verzweifelt. „Ich *muß* darüber hinwegkommen. Mein ganzes Leben ist davon gezeichnet. Aber ich kann einfach nicht akzeptieren, was er getan hat. Kein Vater sollte seiner Tochter so etwas je antun.“

Wieder dieses Wort *sollen.*

„Und kein Vater, der *im Vollbesitz seiner geistigen Kräfte* ist, tut seiner Tochter so etwas an“, entgegnete ich. „Das ist nicht das Verhalten eines gesunden, liebevollen Vaters gegenüber seiner Tochter. Aber Sie, Cheryl, hatten einen sehr kranken und lieblosen Vater, der Sie benutzte, um seine Krankheit auszuleben. Ich wünschte, er hätte Sie nicht so verletzt. Aber ich möchte, daß Sie sich der Tatsache stellen, daß er es getan hat. Und das können Sie nur, wenn Sie aufhören zu sagen, daß er es nicht hätte tun *sollen*.“

Die Täuschung des Wortes ‚sollen‘

Vielleicht können Sie sich mit Cheryl identifizieren, zumindest in der Frage, wie oft auch Sie sich hinter der Wunschvorstellung verstecken, wie die Dinge sein sollten, statt sie zu akzeptieren, wie sie in Wirklichkeit sind.

Ich weiß, daß ich mich mit Cheryl identifizieren kann. Oft ertappe ich mich bei Äußerungen wie „Also, das hätte ich nicht tun sollen“ oder „Das Leben sollte einfach anders sein“. Solche Reaktionen lassen mich die vollkommene Welt meiner Wunschvorstellungen erkennen, in die ich mich aus der manchmal schmerzhaften wirklich existierenden Welt flüchten kann. Ich bin mir des Schadens, den das Wort *sollen* meiner emotionalen Gesundheit zufügt, sehr wohl bewußt.

Meine wöchentlichen Squash-Abende fallen mir als Beispiel ein. Oft ertappe ich mich dabei zu sagen: „Mist, den Ball hätte ich kriegen sollen.“ Aber das ist nicht wahr. Da ich den Ball nicht sehr genau beobachtete und meinen Schläger nicht schnell genug zurücknahm, um den Ball richtig zu treffen, *ist genau das passiert, was passieren mußte:* Ich habe danebengeschlagen.

So ist das nun einmal, wenn man nicht aufpaßt, was man tut. Und solange ich nicht die Tatsache akzeptiere, daß mein Fehlschlag genau das ist, was unter den gegebenen Umständen einfach passieren mußte, werde ich nie daran arbeiten, meine Konzentration zu verbessern. Ich werde nichts dazulernen, sondern einfach dasitzen und mich selbst herabsetzen, mich auf die Vergangenheit (den Fehlschlag) konzentrieren und höchstwahrscheinlich auch in Zukunft danebenschlagen.

Das gleiche gilt auch für Sie. Wenn Sie das nächste Mal in Versuchung sind, das Wort *sollen* zu gebrauchen, halten Sie erst einmal inne und machen Sie sich die Wahrheit bewußt, warum es nicht anders kommen konnte. Wenn Sie einen Termin versäumen, weil Sie ihn vergessen haben, sagen Sie nicht: „Ich hätte mich daran erinnern *sollen*.“ Nein, Sie haben den Termin vergessen, weil Sie als menschliches Wesen nicht immer alle Verpflichtungen im Kopf behalten und weil manche Erinnerungen sich in Ihrem Gedächtnis überlagern. „Ich hätte mich an den Termin erinnern sollen“ bedeutet in Wirklichkeit „Ich kann die Tatsache, daß ich den Termin vergessen habe, nicht akzeptieren.“ Solange Sie die Tatsache eines Fehlers nicht akzeptieren, werden Sie auch nicht die Ursachen korrigieren, die dazu geführt haben.

Die Wahrheit hinter dem Wort ‚sollen'

Zu meiner Freude kann ich sagen, daß Cheryl gelernt hat, die Wahrheit hinter ihrem Gebrauch des Wortes *sollen* zu erkennen. Ihr wurde schließlich bewußt, daß sie allzu oft einer Auseinandersetzung mit der Wirklichkeit aus dem Weg ging. Bei schmerzlichen Umständen in ihrem Leben sagte sie einfach: „Das hätte nicht passieren *sollen*" oder „Das *sollte* nicht so sein." Diese Einstellung fesselte sie an das, was ihr in der Vergangenheit widerfahren *war*, und verhinderte das, was ihr jetzt hätte helfen *können*, diese Dinge zu überwinden. Sie beschloß, sich weniger mit dem zu beschäftigen, was *sein sollte*, als mit wirklichen Welt dessen, *was ist.*

Ich machte Cheryl ebenso darauf aufmerksam, wie oft das Wort *sollen* auch in unserem Umgang mit anderen Menschen auftaucht. Wir alle müssen hier wachsam sein. Wenn zum Beispiel Ihr älterer Sohn Ihre jüngere Tochter schubst, dann ist es nicht realistisch, ihm zu erklären: „Das hättest du nicht tun sollen!" Erstens ändern Sie dadurch nichts an der Tatsache, daß er es getan hat, und zweitens entspricht sein Verhalten ganz der Tatsache, daß Ihr Sohn eben noch klein, unreif und quirlig ist. Natürlich kann man nicht jedes Verhalten akzeptieren, nur weil es mit der instinktiven Neigung oder Persönlichkeit eines Menschen im Einklang steht. Die richtige Maßnahme in diesem Fall wäre also, ihm zu sagen, daß Sie nicht wollen, daß er seine Schwester noch einmal schubst, und ihn bestrafen werden, falls er es dennoch tut. Damit verlegen Sie das Augenmerk auf sein zukünftiges Verhalten, anstatt ihm das Gewesene unter die Nase zu halten.

Bleiben Sie in Schwung

Am Ende des vorigen Kapitels haben Sie das TRUTH-System kennengelernt und hatten Gelegenheit, es konkret auf die Aussage „Irren ist menschlich" anzuwenden. Ich versprach Ihnen weitere Möglichkeiten, dieses System in die Praxis umzusetzen, und möchte Ihnen nun vorschlagen, eine Woche lang über die „Tatbestände" Buch zu führen, die bei Ihnen emotionale Probleme auslösen. Schreiben Sie diese Ereignisse in einem „TRUTH-Tagebuch" auf.

Wenn Sie einen Fehler machen (etwa ihre Autoschlüssel im Wagen einschließen) oder in eine unangenehme Situation geraten (etwa eine lange Schlange im Supermarkt), dann notieren Sie solche Ereignisse als **T**-Faktoren (auslösende Tatbestände).

Als nächstes schreiben Sie auf, welche Lügen Sie sich in diesem Augenblick (und unter Umständen schon seit vielen Jahren) eingeredet haben. Das ist das **R**-Stadium (Reflexion). Wenn Sie Hilfe bei diesem Stadium brauchen, kann Ihnen vielleicht mein vorausgegangenes Buch *Lügen, die wir glauben* (Schulte + Gerth, Asslar 1991) eine Hilfe sein.

Als nächstes verzeichnen Sie, wie sie körperlich, emotional und in Ihrem Verhalten auf die Umstände reagierten. Das ist die **U**-Phase (ungesunde Reaktion). Nehmen Sie konkret Bezug auf Ihre Pulsfrequenz und Ihre Atmung, auf Nervosität, Angst, Zorn oder Niedergeschlagenheit und auf Ihre Verhaltensweisen.

Danach schreiben Sie ganz nüchtern und konsequent nieder, welche Wahrheiten über die Situation Sie sich sagten oder sagen *mußten.* Das ist die andere **T**-Phase (truth – Wahrheit). Wenn Ihnen beim besten Willen keine Wahrheit einfällt, schreiben Sie das ehrlich auf. Wenn Sie auf eine wahre Aussage kommen, die Ihnen aber bei weiterem Nachdenken nicht mehr zu den Umständen zu passen scheint, halten Sie sie dennoch fest. Das Führen dieses Tagebuchs ist eine Entdeckungsreise.

Schließlich zeichnen Sie auf, wie die Vergegenwärtigung

dieser Wahrheiten Ihnen half, auf gesündere Weise mit der Situation umzugehen. Das ist die Zusammenfassung oder die **H**-Phase des gesamten Vorgangs (heilsame Reaktion). Auch bei den nachfolgenden Kapiteln sollten Sie Ihr Tagebuch benutzen, um zu verzeichnen, welche Fortschritte Sie mit der Wahrheit machen.

Sie können es nicht jedem recht machen

Ich kann Ihnen keine Formel für Erfolg geben, aber die Formel für Mißerfolg kann ich Ihnen nennen – versuchen Sie, es jedem recht zu machen. Herbert Bayard Swope

1975 nahm der Sänger Rick Nelson den Titel *Garden Party* auf, den ich sehr mochte. In diesem Lied erzählt Rick Nelson, wie er einmal eingeladen wurde, im Madison Square Garden in einem „Oldies"-Konzert aufzutreten. Als er auf die Bühne kam, sang er einige seiner neuesten Lieder, aber das Publikum pfiff ihn aus. Was sie hören wollten, waren seine Hits aus den Fünfzigern und Sechzigern wie *Hello, Mary Lou* oder *Traveling Man.* In dem Lied *Garden Party* vermutet Rick Nelson: „Du kannst es nicht jedem recht machen, also mußt du es dir selbst recht machen."

Ich bin zwar nicht so sicher in bezug auf Nelsons Schlußfolgerung, aber daß man es nicht jedem recht machen kann, ist eine der großen Wahrheiten, die wir erkennen und praktizieren müssen, um ein emotional gesundes Leben zu führen.

Ja, gewiß haben Sie diese Wahrheit schon x-mal gehört. Aber Hören und Glauben sind nicht immer dasselbe. Die meisten von uns ziehen jeden Tag los und versuchen, es nach Möglichkeit jedem recht zu machen. Wie viele Sorgen machen Sie sich darüber, ob andere Leute Sie mögen und dem zustimmen, was Sie tun? Warum haben Sie einen Knoten im Magen, sobald jemand sich über Sie aufregt? Warum sind Sie bereit, beinahe *alles* zu tun, damit die Leute mit Ihnen zufrieden sind?

Die Antwort ist, daß wir alle ein grundlegendes Bedürfnis nach Anerkennung haben. Wir möchten, daß die Leute uns schätzen und akzeptieren, daß sie uns Liebe, Bewunderung, Vertrauen und Respekt entgegenbringen. Und wenn wir keine ausreichende Anerkennung von anderen bekommen, dann fällt es uns schwer, mit dem Leben zurechtzukommen. Ein Problem ergibt sich jedoch dann, wenn wir meinen, auf die Bewunderung und Anerkennung jedes Menschen angewiesen zu sein, dem wir begegnen. Das ist schlicht unmöglich, und wir können uns emotional zugrunde richten, wenn wir diesem Anspruch gerecht zu werden versuchen.

Die Ursprünge dieses neurotischen Bedürfnisses, es jedem recht zu machen und von allen anerkannt zu werden, reichen oft bis in die Kindheit zurück, in der ein echter (oder auch nur eingebildeter) Mangel an elterlicher Liebe bestand. Dieser Mangel in der persönlichen Entwicklung ließ ein inneres Liebesvakuum entstehen, das später nur schwer auszufüllen war. Im Erwachsenenalter ist es dann buchstäblich unmöglich, daß eine einzelne Person (ein Ehepartner oder ein guter Freund) das Bedürfnis eines solchen Menschen nach Anerkennung befriedigen kann.

Jim, der wegen seiner Eheprobleme zu mir kam, hatte mit einem starken Bedürfnis zu kämpfen, es jedem recht zu machen und von allen anerkannt zu werden. In seiner Kindheit war Jim von seinem Vater ignoriert worden. Sein Vater hatte ihn nicht kritisiert oder geschlagen oder angeschrien. Er hatte ihn einfach ignoriert. Er war beruflich immer so beschäftigt gewesen, daß er nie Zeit hatte, mit Jim Nachlaufen zu spielen, zusammen ein Buch zu lesen, zelten zu gehen oder auch nur gemeinsam mit Popcorn bewaffnet vor dem Fernseher zu sitzen. Jim interpretierte das als Ablehnung.

Da er sich von dem wichtigsten männlichen Wesen in seinem Leben abgelehnt fühlte, versuchte Jim, diesen Mangel an Liebe dadurch auszugleichen, daß er alle anderen dazu brachte, ihn zu mögen, besonders seinen Chef, seine Kollegen und seine Kunden.

„Meine Frau und ich hatten neulich mal wieder eine hitzige Diskussion“, erzählte mir Jim zu Beginn einer unserer Sitzungen.

„Was war die Ursache?“ fragte ich.

„Das Übliche. Sie meint, ich arbeite zuviel. Ich bin normalerweise abends immer der Letzte im Büro und komme erst spät nach Hause. Und selbst dann habe ich noch einen Stapel Verträge zu prüfen, Angebote zu analysieren und Werbekampagnen zu entwerfen. Meine Frau sagt, sie stände so weit unten auf meiner Prioritätenliste, daß wir genauso gut nicht verheiratet sein könnten.“

„Was meinen Sie dazu?“

Jim zuckte die Achseln. „Nun, ich nehme an, wenn Taten mehr sagen als Worte, hat sie wahrscheinlich recht. Was sie jedoch nicht versteht, ist, daß ich eine Menge Verantwortung trage und eine Menge Leute von mir abhängig sind.“

Ein Blick auf Jim verriet, daß er körperlich am Boden war. Unter seinen Augen hingen tiefe Tränensäcke, seine Haut war bleich und sein Oberkörper in sich zusammengesunken.

„Klingt, als ob Ihre Arbeitssucht die Beziehung zu Ihrer Frau in Gefahr bringt und Ihre Gesundheit ruiniert, Jim“, sagte ich ihm geradeheraus. „Warum, glauben Sie, hängen Sie sich immer so viele Sachen an den Hals?“

Jim wich meinem Blick aus. „Das weiß ich nicht.“

„Erinnern Sie sich an unser Gespräch darüber, daß Sie nie Anerkennung von Ihrem Vater bekamen?“

„Ja, sicher, ich erinnere mich.“

„Und wissen Sie auch noch, daß Sie zu dem Schluß kamen, daß Sie deswegen ein erhöhtes Bedürfnis nach der Anerkennung anderer Leute verspüren? Sie haben damals von einer Todesangst gesprochen, jemand könnte Anlaß haben, unzufrieden mit Ihnen zu sein.“

„Ja, ich weiß.“

„Nun, dann will ich Ihnen folgende Frage stellen: Sehen Sie irgendeinen Zusammenhang zwischen der hektischen Aktivität, in der Sie jetzt gefangen sind, und dem Schmerz, den Sie darüber empfinden, von Ihrem Vater ignoriert worden zu sein?“

„Aber das ist doch dreißig Jahre her“, meinte Jim ausweichend. „Was hat denn das mit meinem heutigen Leben zu tun?“

„Ich glaube, das wissen Sie selbst“, beharrte ich.

„Jetzt soll ich wohl sagen, daß ich immer noch nach der Anerkennung meines Vaters strebe, indem ich all diese anderen Dinge tue“, erwiderte er mit gespielter Gleichgültigkeit. „Sie wollen von mir hören, daß ich es, weil ich es meinem alten Herrn nicht recht machen konnte, jetzt allen anderen recht zu machen versuche. Dahinter steckt mein unbefriedigtes Bedürfnis nach Liebe und Anerkennung, richtig?“

„Haargenau“, stimmte ich zu. „Aber sehen Sie nicht die Ironie dabei? Auf der Suche nach einem Ersatz für die Anerkennung und Liebe Ihres Vaters haben Sie sich für Ihren Chef, Ihre Kollegen, Ihre Kunden und jeden anderen krummgelegt; nur für Ihre Frau haben Sie keine Zeit gehabt. Dabei ist sie diejenige, die Ihnen all die Liebe und Anerkennung geben möchte, die sich ein Mann nur wünschen kann. Sie behandeln sie genauso, wie Ihr Vater Sie behandelt hat.“

Das schien bei Jim Betroffenheit auszulösen. Fast eine Minute lang saß er schweigend da und wägte meine Worte ab. Schließlich räusperte er sich.

„Der letzte Mensch auf der Welt, den ich mir als Rollenmodell aussuchen würde, wäre mein Vater. Ich möchte alles andere als zu einer zweiten Ausgabe von ihm werden. Nur ... ich versuche schon seit so vielen Jahren, die Anerkennung der Leute zu gewinnen, daß ich nicht weiß, ob ich mich noch ändern kann. Wenn ich mich aus einigen der Projekte zurückziehen würde, würde ich eine Menge Leute vor den Kopf stoßen. Besonders einige der Männer wären stinksauer auf mich. Das macht mir zu schaffen.“

„Aber hören Sie doch, was Sie da sagen, Jim“, beharrte ich. „Selbst wenn Ihre persönliche Gesundheit und der Bestand Ihrer Ehe auf dem Spiel stehen, ist es Ihnen immer noch wichtiger, es allen recht zu machen. Ist das nicht ein sehr hoher Preis, den Sie da zahlen?“

Wieder hielt Jim inne. „Was ... was stimmt nicht mit mir,

Dr. Thurman? Wenn ich das Bild betrachte, daß Sie von meinem Leben zeichnen, begreife ich, wie lächerlich es ist, so zu leben. Aber dann gehe ich einfach wieder hin und lebe genauso weiter. Warum?"

„Haben Sie je bedacht, daß Ihr zwanghaftes Streben, es jedermann recht zu machen, eine Sucht sein könnte, Jim?"

Jims Augen weiteten sich. „Eine *Sucht!* Auf den Gedanken wäre ich nie gekommen. Aber ... nun ja, es hat irgendwie Hand und Fuß, nicht wahr? Ich bin wie ein Drogensüchtiger. Wenn ich regelmäßig meine Dosis Anerkennung bekomme, geht es mir gut. Aber wenn ich irgendwo hinkomme, wo vielleicht niemand mir auf die Schulter klopft oder mir Komplimente macht, dann ist das wie ein Entzug. Ich komme damit nicht klar. Ich brauche regelmäßig meinen ‚Schuß' Anerkennung. Es ist beängstigend, wenn man das so betrachtet. Ich muß etwas dagegen tun."

„Was würden Sie unternehmen, wenn Sie drogensüchtig wären?" fragte ich ihn.

„Ich ... na ja, ich würde aufhören", stammelte er. „Ich würde aufhören, dieses Gift zu nehmen. Ich würde meinen Organismus davon reinigen und die Sucht ausmerzen."

„Das wäre ein sehr schmerzhafter Prozeß", erinnerte ich ihn. „Einen Entzug durchzumachen tut weh, bei jeder Art von Sucht."

„Aber es wäre eine Sache auf Leben und Tod", antwortete Jim, den jetzt echte Angst beschlich.

„Das ist Ihre Sucht nach Anerkennung auch", warnte ich ihn. „So wie Sie im Moment aussehen, ist es offensichtlich, daß ernsthafte Probleme nicht lange ausbleiben werden."

„Sie haben recht", sagte Jim ernst. „Ich bin süchtig nach Anerkennung, und ich muß mit dieser Gewohnheit brechen. Bis heute habe ich das einfach nicht begreifen wollen".

Heilung der Sucht

Gab es in Jims Bekenntnis Aspekte, die Sie auch auf sich beziehen könnten? Obwohl es wahr ist, daß wir es nicht immer allen recht machen *können,* versuchen viele Menschen es trotzdem immer wieder. Wenn Sie feststellen, daß Sie überall nach Anerkennung streben, täuschen Sie sich nicht selbst. Es ist eine Sucht.

Für allzu viele Menschen ist Anerkennung die „Droge", nach der sie Tag und Nacht lechzen. Doch wie jede richtige Droge wirkt auch die Anerkennung nur für kurze Zeit, und allzu bald braucht der Süchtige wieder einen neuen „Schuß". Es ist ein gefährlicher und lebensbedrohlicher Teufelskreis, aber er ist vermeidbar.

Wenn Sie merken, daß Sie ständig nach Anerkennung streben, tun Sie positive Schritte, um „trocken" zu werden. Fangen Sie damit an zuzugeben, daß Sie süchtig sind. Schieben Sie dieses Eingeständnis nicht vor sich her, und versuchen Sie nicht, sich selbst zu täuschen. Als nächstes denken Sie an alle Menschen in Ihrer Umgebung, die Sie so annehmen, *wie Sie sind.* Lernen Sie einen liebenden Ehepartner ebenso schätzen wie einen uralten Studienfreund oder Bundeswehrkameraden, Ihre guten Bekannten, Gemeindemitglieder oder Verwandte. Diese Leute haben ein echtes Interesse an Ihnen; sie sind nicht nur darauf aus, daß Sie irgend etwas für sie tun.

Bemühen Sie sich, neue Interessen zu entwickeln, die Sie mit Menschen zusammenbringen, die einfach das Zusammensein mit Ihnen genießen. Schließen Sie sich einem gemeinnützigen Verein an, belegen Sie einen Abendkurs an der Volkshochschule oder treten Sie in den Kirchenchor ein. Dort werden Sie Leute kennenlernen, die Sie einfach so mögen, wie Sie sind, ohne daß Sie irgend etwas für sie tun.

Emotional gesunde Menschen vollführen oft eine Art Balanceakt. Sie müssen gewisse Dinge tun, um die notwendige Anerkennung anderer Leuten zu bekommen. Doch ist ihnen auch klar, daß sie es sich in bestimmten Bereichen selbst recht machen müssen. Rick Nelsons Fehler im Madison Square Garden bestand aus meiner Sicht darin, daß er seinen Auftritt nicht aufteilte zwischen den neuen Liedern, die er gerne vortragen wollte, und den alten, die die Leute hören wollten.

Auch in meinem eigenen Leben ist dieses Gleichgewicht zwischen Geben und Nehmen notwendig. Ich muß manchmal meiner Frau Holly oder meinen Kindern zuliebe etwas tun, obwohl es Dinge gibt, an denen ich im Moment mehr interessiert wäre. Ein anderes Mal will ich einfach alleine dasitzen und die Zeitung lesen oder den Nachmittag im Squash Center verbringen, einfach weil diese Dinge mir Spaß machen. Das Leben braucht Balance.

Mein Patient Jim war in der Lage, eine sehr positive Wende in seinem Leben herbeizuführen. Manche der angestrebten Veränderungen machten ihn nervös, aber das echte Verlangen, mit seiner Sucht zu brechen, motivierte ihn.

Ich half Jim dabei, eine Prioritätenliste für sein Leben aufzustellen. Ganz oben setzte er die Liebe und Fürsorge für seine Frau ein. An zweiter Stelle rangierte sein Bedürfnis nach ausreichend Schlaf, richtiger Ernährung, Spaß machender Bewegung und Entspannung. Drittens schloß er seinen Wunsch ein, im Beruf hervorragende Arbeit zu leisten, aber in den Grenzen *seines* Aufgabenbereichs zu bleiben, statt für alle den Botenjungen zu spielen. Indem er sich an diese Prioritäten hielt, nahm Jim eine Menge von dem Druck weg, der auf seinem Leben lastete. Und zu seiner großen Überraschung brachte ihm das tiefere Wertschätzung und Anerkennung von seiten anderer ein, als er es je für möglich gehalten hätte. Manchmal ist das im Leben so: Je weniger man sucht, desto mehr findet man.

Doch Jim stieß bei einigen seiner Kollegen auch auf Mißbilligung wegen mancher Entscheidungen, die er traf, um sich an seine Prioritäten zu halten. Manchen Kollegen, die ihrer Arbeit und der Anerkennung ihrer Vorgesetzten zu sehr verpflichtet waren, gefiel es nicht, daß Jim weniger hart arbeitete als sie. Es paßte ihnen nicht, wenn er um fünf nach

Hause ging, während sie bis sieben oder acht Uhr im Büro blieben. Es ärgerte sie, daß Jim während des Tages reguläre Pausen machte, während sie freiwillig durcharbeiteten. Ihrer Meinung nach hätte Jim sich auch an den Wochenenden für die Firma abrackern sollen, so wie sie es manchmal taten.

Elend bleibt nicht gern allein, und diese Kollegen wollten, wahrscheinlich ohne sich dessen bewußt zu sein, daß es Jim ebenso elend erging wie ihnen selbst. Sie ärgerten sich buchstäblich darüber, daß er Entscheidungen zugunsten seiner Gesundheit traf, während sie so weitermachten wie bisher.

Die Wahrheit tun

Falls auch Sie ein solches Leben wie Jim geführt haben, möchte ich Sie herausfordern, jetzt gleich etwas gegen Ihre Sucht zu unternehmen. Wenn Sie das Gefühl haben, jedermanns Anerkennung zu brauchen, empfehle ich Ihnen, etwas zu tun, das Ihnen das Gegenteil beweist. Gehen Sie in ein großes Warenhaus und schreien Sie die Uhrzeit heraus. Gehen Sie mit Mickymaus-Ohren durch die Straßen. Äußern Sie morgen im Büro einmal eine abweichende Meinung. Wenn jemand mit einer Bitte an Sie herantritt, die Sie unfair finden, sagen Sie nein.

Ich fordere Sie nicht auf, irgend etwas Unfreundliches, Unmoralisches oder Gefährliches zu tun. Ich ermutige Sie lediglich, der Wahrheit entsprechend zu handeln, daß Sie es nicht jedem recht machen können.

Oh, und seien Sie nicht überrascht, wenn das Leben hinterher weitergeht – das wird es nämlich.

Sie müssen nicht

Die Menschen geben immer den Umständen die Schuld an dem, was sie sind. Ich glaube nicht an Umstände. George Bernard Shaw

Sie müssen kein Kannibale sein, um die Menschen satt zu haben. Sie müssen keinen Heiligenschein haben, um ein komischer Heiliger zu sein. Sie müssen kein Spanier sein, um jemandem spanisch vorzukommen. Sie müssen kein Pferd sein, um einen Rösselsprung zu machen.

Tatsache ist, daß es eine Menge Dinge im Leben gibt, die Sie nicht sein oder tun müssen, um ein gesunder und glücklicher Mensch zu sein. Ja, Sie werden sogar um so gesünder und glücklicher sein, je weniger Sie das Gefühl haben, Dinge tun zu *müssen.* Vielleicht können Sie das zunächst nur schwer glauben, besonders wenn Sie bisher das Empfinden hatten, hinter allem, was Sie tun, stehe ein „Muß".

In diesem Kapitel werden Sie jedoch erfahren, daß Sie *kein* Haus kaufen müssen, das Sie sich nicht leisten können, daß Sie *nicht* mit allem übereinstimmen müssen, was andere Ihnen sagen, und daß Sie sich *nicht* ständig wegen vergangener Fehler schuldig fühlen müssen. Um es geradeheraus zu sagen, Sie müssen *gar nichts,* es sei denn, Sie entscheiden sich dafür.

Ist Ihnen je aufgefallen, wie oft Menschen das Wort *müssen* gebrauchen? Haben Sie je bemerkt, wie oft Sie es selbst aussprechen? Lesen Sie noch einmal die auslösenden Tatbestände und die Reaktionen durch, die Sie in Ihrem TRUTH-Tagebuch verzeichnet haben. Sind darunter irgendwelche Aussagen mit *müssen*? Klingen Ihnen die folgenden Aussagen vertraut?

- ▷ „Ich muß morgen zur Arbeit gehen.“
- ▷ „Ich muß meine Steuern bezahlen.“
- ▷ „Ich muß mich an die Geschwindigkeitsbegrenzung halten.“
- ▷ „Ich muß meine Eltern besuchen.“
- ▷ „Ich muß mein Studium beenden.“
- ▷ „Ich muß am Samstag mit meinen Kindern in den Park.“
- ▷ „Ich muß abnehmen.“

Ich bin sicher, daß Sie solche Aussagen schon oft gemacht haben. Aber die Wahrheit ist: Sie *müssen* morgen nicht arbeiten gehen. Sie *müssen* Ihre Steuern nicht bezahlen. Sie *müssen* sich nicht an die Geschwindigkeitsbegrenzung halten. Sie *müssen* Ihre Eltern nicht besuchen. Sie *müssen* Ihr Studium nicht beenden. Sie *müssen* am Samstag nicht mit Ihren Kindern in den Park. Sie *müssen* nicht abnehmen. Sie müssen gar nichts, wenn Sie nicht wollen. So frei sind Sie!

Aber die Sache hat einen beträchtlichen Haken. Sie *müssen* zwar gar nichts, doch kann es schmerzliche Folgen haben, wenn Sie beschließen, bestimmte Dinge nicht zu tun. Wenn Sie zum Beispiel morgen nicht zur Arbeit gehen, könnten Sie Schwierigkeiten mit Ihrem Chef bekommen oder gar gefeuert werden. Wenn Sie Ihre Steuern nicht bezahlen, bekommen Sie Schwierigkeiten mit dem Finanzamt. Wenn Sie sich nicht an die Geschwindigkeitsbegrenzung halten, bekommen Sie vielleicht einen Strafzettel.

Ich denke, Sie kennen dieses Wechselspiel von Ursache und Wirkung zur Genüge. Es ist wie ein physikalisches Gesetz: Auf jede Aktion folgt eine Reaktion, auf jede Ursache eine Wirkung.

Warum nun all das Aufheben um das Wort *müssen*? Nun, ähnlich wie bei dem Wort *sollen* weist der Gebrauch des Wortes *müssen* oft darauf hin, daß wir die Wahrheit aus den Augen verloren haben, daß wir alles eigentlich aus freier Entscheidung tun. Erlauben Sie mir, auf den gewaltigen Unterschied zwischen den beiden Einstellungen hinzuweisen, der sich in diesem Sprachgebrauch spiegelt.

Alan suchte mich auf, weil er eine ungeheure Verbitterung darüber empfand, daß er hatte heiraten „müssen". Er und seine Frau Sandra hatten sich während des Studiums hin und wieder verabredet, und gegen Ende ihres zweiten Jahres wurde Sandra schwanger. So sehr Alan sie auch liebte, für die Ehe fühlte er sich noch nicht reif. Dennoch heiratete er Sandra und brachte einen Berg von Zorn und Groll gegen sie mit in die Ehe.

„Ich weiß nicht, ob ich darüber hinwegkommen kann", sagte Alan während einer unserer Sitzungen offen.

„Die Art und Weise, wie Sie und Sandra in die Ehe hineingeschlittert sind, macht Ihnen sehr zu schaffen", antwortete ich, um den Grund seines Grolls deutlicher herauszustellen.

„Ich *mußte* sie heiraten", erwiderte Alan, als ob es über dieses Thema nichts mehr zu diskutieren gäbe. „Ich hatte keine Wahl."

„Objektiv gesehen stimmt das eigentlich nicht, oder?" fragte ich.

„Wie meinen Sie das?" gab er zurück. „Ich gehöre nicht zu den Leuten, die einem Mädchen zumuten, unverheiratet ein Baby zu bekommen, von einer Abtreibung ganz zu schweigen."

„Dennoch waren das Entscheidungen, die Sie hätten treffen können, nicht wahr?" bohrte ich.

„Nein, ich hätte ihr diese Dinge nicht zumuten können. Das war für mich keine Alternative", wiederholte Alan stur.

„Alan, Sie sagen immer wieder, es sei keine Alternative gewesen, aber es war eine. Sie haben sich für eine von zwei Möglichkeiten entschieden", beharrte ich ebenso stur.

„Dr. Thurman, es gab für mich keinen anderen Weg. Ich hätte Sandra niemals zugemutet, unser Baby unverheiratet zu bekommen oder es abtreiben zu lassen!" Er wollte keinen Zentimeter zurückweichen, und sein Blick schien zu sagen, ich solle es ja nicht wagen, diese Richtung in unserem Gespräch weiterzuverfolgen.

„Schauen Sie, Alan, ich glaube, ich weiß, woher Ihre Verbitterung und Ihr Groll kommen, aber ich bin nicht sicher, ob

Sie für diese Einsicht offen sind", sagte ich behutsam in der Hoffnung, er würde mich die Tür zur Wahrheit wenigstens einen Spaltbreit öffnen lassen.

Seine starre Haltung entspannte sich etwas.

„Ich bin schließlich hergekommen, um mir von Ihnen helfen zu lassen. Ich werde versuchen, mir wirklich anzuhören, was Sie zu sagen haben."

Ich lächelte zustimmend und wählte dann sorgfältig meine Worte.

„Mir scheint, daß die Verbitterung über die Umstände Ihrer Heirat, die Sie mit sich herumschleppen, mit Ihrer Weigerung zusammenhängt zu erkennen, daß Sie sehr wohl einige Wahlmöglichkeiten hatten, und zwar sowohl bevor als auch nachdem Sandra schwanger wurde", sagte ich. „Vor Sandras Schwangerschaft haben Sie beide die Entscheidung getroffen, miteinander zu schlafen. Heutzutage sind voreheliche sexuelle Beziehungen zwar nichts Ungewöhnliches, aber es war dennoch eine Entscheidung, die Sie getroffen haben. Sie beide trafen auch die Entscheidung, nicht durch ausreichende Verhütungsmaßnahmen dafür zu sorgen, daß sie nicht schwanger werden konnte.

Auch nachdem Sandra schwanger wurde, standen Ihnen beiden mehrere Möglichkeiten offen. Aufgrund Ihrer persönlichen Wertvorstellungen und Empfindungen über Abtreibung und Adoption haben Sie entschieden zu heiraten, was Sie keineswegs mußten. Sie beide hatten mehrere Alternativen. Da Sie das nicht zugeben und die Verantwortung für Ihre Entscheidungen nicht übernehmen wollen, glauben Sie jetzt, Sie seien zur Heirat gezwungen gewesen. Sie geben Sandra und den Umständen, in denen Sie sich befanden, die Schuld an Ihrer Heirat, statt die Verantwortung für Ihre eigenen Entscheidungen zu übernehmen, die zum Teil überhaupt erst zu diesen Umständen geführt haben."

Alan fing an, auf seinem Stuhl herumzurutschen. Ich spürte, daß er offen sein wollte, aber seine starre Sicht seiner Situation war ihm noch zu fest eingeprägt.

„Ich kann Ihnen das einfach nicht abkaufen! Was hätten

Sie denn getan, wenn Sie in meiner Haut gesteckt hätten? Hätten Sie das Gefühl gehabt, eine Wahl zu haben?“

(In Situationen wie diesen möchte man sich am liebsten die Haare ausraufen und einen anderen Beruf ergreifen.)

„Um ehrlich zu sein, Alan, wahrscheinlich nicht. Aber das bedeutet nur, daß ich auch an der Wahrheit vorbeigehen würde. Die Wahrheit ist, daß Sie die Alternative hatten, auch wenn sie Ihnen nicht als Alternative erschien. Sie haben die Entscheidung getroffen, die Ihren Wertvorstellungen und Ihrer Persönlichkeit am meisten entspricht. Ihre Frau hat Sie nicht dazu gebracht, sie zu heiraten. Sie selbst haben sich dazu *entschieden*.“ Diesen letzten Satz sagte ich mit bewußtem Nachdruck, damit er hängenblieb.

„Wenn das stimmt, wie soll es mir denn über die Verbitterung hinweghelfen, die ich über die ganze Sache empfinde?“

„Wenn Sie die Verantwortung für Ihre Entscheidung übernehmen, wird Ihre Verbitterung gegen Sandra keinen Sinn mehr ergeben. Worüber sollten Sie dann noch verbittert sein?“

„Nun, ich wäre immer noch verbittert darüber, daß ich gezwungen war ...“ Seine Stimme versiegte, als er merkte, was er beinahe wieder gesagt hätte.

„Ich glaube, ich verstehe, worauf Sie hinauswollen“, sagte er, „aber ich fühle mich Lichtjahre davon entfernt, *wirklich* zu glauben, daß ich nicht heiraten mußte.“

„Ich weiß, daß Sie sich so fühlen“, sagte ich, aber emotional gesund zu werden hat weniger mit Gefühlen zu tun als damit, daß man fest an die Wahrheit glaubt. Und die Wahrheit ist, daß Sie sich zur Heirat entschieden haben, obwohl Sie es nicht mußten. Sandra trägt nicht die Schuld an Ihrer Entscheidung und ist Ihnen deswegen zu nichts verpflichtet. Ihre Gefühle sind real, aber Sie haben in Wirklichkeit keinen berechtigten Grund, ihr gegenüber verbittert zu sein. Diese Wahrheiten müssen Ihnen weitaus wichtiger werden, als Sie sie jetzt empfinden.“

Die Verantwortung übernehmen

Eine der schwierigsten Aufgaben, vor denen wir im Leben stehen, besteht darin, die Verantwortung für das zu übernehmen, was wir fühlen und tun. Der Mensch scheint von Natur aus dazu zu neigen, die Schuld an seiner Unzufriedenheit und seinem Verhalten den anderen oder den Umständen zuzuschieben. Doch wenn wir die Schuld woanders suchen als bei uns, verstecken wir uns nur vor der Wirklichkeit und fügen unserem wirklichen Problem nur weitere hinzu.

In der fehlenden Verantwortungsbereitschaft liegt oft die Wurzel der emotionalen Kämpfe meiner Patienten. Sei es in unauffälliger, kaum merklicher oder in krasser, unübersehbarer Weise, oft versäumen es meine Patienten, die Verantwortung für ihre Entscheidungen und die Gefühle, die unter anderem durch diese Entscheidungen verursacht wurden, zu übernehmen. Eine der wichtigsten Aufgaben der Lebensberatung ist es, Patienten dabei zu helfen.

Die mangelnde Bereitschaft, Verantwortung zu übernehmen, ist einer der Hauptgründe, warum Therapien manchmal nicht „funktionieren". Ein Patient kommt mit einem Problem in die Beratung, für das er sich nicht verantwortlich fühlt, weil er glaubt, ein anderer sei schuld daran. Dann erwartet er von dem Berater, dieses Problem für ihn zu lösen. Wenn der Berater das nicht tut (weil er es nicht kann), wird der Patient wütend, bricht die Therapie ab und gibt dem Berater die Schuld daran, daß er keine Fortschritte gemacht hat. Dieses Szenario spielt sich in der Lebensberatung häufiger ab, als die meisten Leute ahnen.

Solche Patienten erzählen anderen nach der abgebrochenen Therapie oft: „Nun, ich habe getan, was ich konnte, um mit dem Problem fertig zu werden, aber es hat alles nichts geholfen!" Dabei haben sie in Wirklichkeit nichts Entscheidendes getan, um sich dem Problem verantwortlich zu stellen. In der Beratung ist es oft ein echter Kampf, einen Patienten dazu zu bewegen, die Verantwortung für die

Lösung seiner Probleme zu übernehmen, und der Ausgangspunkt für diesen Schritt ist die Einsicht, daß es *sein* Problem ist.

Damit wären wir wieder bei Alan. Die Wahrheit war, daß er Sandra nicht heiraten „mußte“. Ihm standen andere Wege offen, auch wenn sie ihm nicht gefielen. Aber es fiel ihm leichter, Sandra die Schuld zu geben, als sein eigenes Problem zu erkennen.

Entscheidungsmöglichkeiten erkennen und Verantwortung übernehmen

Bei Alans Beratung konzentrierte ich mich darauf, ihm bewußt zu machen, daß ihm in der Situation damals mehrere Möglichkeiten offengestanden hatten, und daß er für die Entscheidung, die er traf, verantwortlich war.

„Es fällt mir schwer zu erkennen, wie ich mich für etwas anderes hätte entscheiden können, nachdem Sandra festgestellt hatte, daß sie schwanger war“, beharrte Alan.

„Dann versuchen wir es auf einer anderen Schiene“, schlug ich vor. „Müssen Sie Steuern zahlen?“

„Ja“, sagte er. „Das ist gesetzlich vorgeschrieben.“

„Aber daß es gesetzlich vorgeschrieben ist, bedeutet noch nicht, daß die Leute immer ihre Steuern bezahlen, oder?“

„Nein, das nicht.“

„Trotz der gesetzlichen Vorschrift muß es also keiner tun, wenn er bereit ist, Schwierigkeiten mit den Behörden zu riskieren.“

„Zu diesem Risiko wäre ich nicht bereit“, schmunzelte Alan.

„Ich auch nicht“, sagte ich. Aber übertragen wir das jetzt einmal von einer Frage der Legalität auf eine Frage der persönlichen Maßstäbe. Als die Vereinigten Staaten in den Krieg gegen Mexiko zogen, war Henry David Thoreau so sehr dagegen, daß er sich weigerte, seine Steuern zu bezahlen. Er war gesetzlich dazu verpflichtet, aber er mußte es nicht. Er entschied sich statt dessen, die Konsequenzen in Kauf zu nehmen, und wurde ins Gefängnis gesteckt.

Thoreaus Freund Ralph Waldo Emerson war ebenfalls ganz und gar gegen diesen Krieg, aber weil er an die demokratische Verfassung der Vereinigten Staaten glaubte, der zufolge man dem Willen der Mehrheit zu gehorchen hat, bezahlte er seine Steuern. Er *mußte* es nicht, aber er entschied sich dazu.

Eines Tages besuchte Emerson Thoreau im Gefängnis. Er schaute durch die Gitterstäbe und fragte: ‚Henry, guter Freund, was machst du da drinnen?', worauf Thoreau sofort erwiderte: ‚Fragen wir lieber, Emerson, was du da draußen machst!'"

Alan nickte. „Ich verstehe. Beide Männer hatten die Wahl, aber ihre Entscheidungen hatten Konsequenzen. Thoreau entschied sich, der Regierung ungehorsam zu sein, und landete im Gefängnis. Emerson gehorchte der Regierung, aber es ging auf Kosten seiner persönlichen Überzeugungen in bezug auf den Krieg."

„Genau! Es geht jetzt nicht darum, wer von beiden richtig oder falsch handelte. Was uns hier interessiert, ist, daß beide Männer die Wahl hatten. Wenn also Thoreau heute hier säße und uns sagte, daß er ins Gefängnis gehen mußte, dann wüßten wir, daß es nicht wahr wäre. Er mußte nicht ins Gefängnis gehen, sondern entschied sich, diese Konsequenz seiner Entscheidung zu akzeptieren."

„Genauso, wie ich Sandra nicht heiraten mußte", sagte Alan, als er den persönlichen Zusammenhang erkannte. „Ich habe mich lediglich für diese Möglichkeit entschieden, weil sie am besten zu mir und meinen Wertvorstellungen paßte."

„Richtig", nickte ich. „Es war Ihre Entscheidung. Und wenn Sie deswegen jetzt zornig auf Sandra sind, ist das eigentlich nicht ehrlich oder fair, nicht wahr?"

Er schüttelte den Kopf. „Ich schätze, ich habe sie als Sündenbock benutzt. Ich wollte einfach nicht die Verantwortung für meine Entscheidung übernehmen. Jetzt komme ich mir auf einmal vor wie ein richtiger Feigling. Ich habe mich hinter meiner Frau versteckt und sie benutzt, um mich vor meiner Verantwortung zu drücken. Ich sehe jetzt, daß ich die Schuld für meine Gefühle oft auf andere Dinge abschiebe, besonders wenn es um die Ehe geht."

„Ich weiß, daß diese neuen Einsichten für Sie schmerzlich sind, Alan, und daß die notwendigen Veränderungen in Ihrem Leben Ihnen fast unerreichbar erscheinen. Aber Sie sind bereits auf dem richtigen Weg und näher daran, die Verantwortung für Ihr Leben zu übernehmen, als viele Leute jemals kommen."

Inzwischen hat Alan mehr Verantwortung für seine Entscheidung übernommen als je zuvor, aber gelegentlich fällt er noch zurück und macht Sandra Vorwürfe wie: „Schau, wozu du mich gebracht hast!" Heute betrachtet er seinen Groll gegen Sandra als einen Kampf, die Wahrheit klarer zu sehen. Und er kämpft. Wie Munger es so treffend ausdrückte: „Alle Wahrheit ist eine Leistung." In Alans Fall traf das gewiß zu. Die Einsicht, daß er Sandra nicht hatte heiraten müssen, sondern für seine Entscheidung selbst die Verantwortung trug, war vermutlich die schwierigste Leistung seines Lebens.

Ich hoffe, daß Sie die Erörterung in diesem Kapitel ernst nehmen. Nicht wenige von uns haben den Kopf voll vermeintlicher Zwänge und empfinden deshalb wie Alan große Verbitterung gegenüber Menschen und dem Leben im allgemeinen. Wir fühlen uns wie Opfer, obwohl wir selbst entscheiden. Alan hatte sich alle möglichen Argumente dafür zurechtgelegt, was für ein hilfloses Opfer seiner Ehe er war, und hatte auch genügend Verbitterung und Groll vorzuweisen.

Die Wahrheit, die wir alle erkennen sollten, ist, daß wir gar nichts müssen. Diese Einsicht führt uns dazu, immer mehr die Verantwortung für unsere Entscheidungen zu übernehmen, und erspart uns infolgedessen eine Menge Verbitterung und Groll.

Ein kurzer abschließender Gedanke. Wenn Sie etwas ganz

Bestimmtes in Ihrem Leben erreichen wollen, können Sie berechtigterweise argumentieren, daß es so etwas wie ein Muß gibt. Wenn Sie einen gesunden Organismus haben wollen, dann müssen Sie sich ausreichend bewegen und richtig ernähren. Wenn Sie eine ausgereifte Ehe wollen, dann müssen Sie Zeit darauf verwenden, sie zu pflegen. Wenn Sie Ihre Stellung behalten wollen, dann müssen Sie regelmäßig zur Arbeit gehen. Aber denken Sie daran, daß Sie zu diesen selbst gesteckten Zielen nicht verpflichtet sind. Erst wenn Sie sich entscheiden, ein ganz bestimmtes Ergebnis erreichen zu wollen, wird das „Müssen" real, aber Sie haben sich dieses Ziel freiwillig gesetzt.

Prüfen Sie einmal, wie die folgenden Aussagen in Ihren Ohren klingen:

- „Ich entscheide mich, zur Arbeit zu gehen."
- „Ich entscheide mich, verheiratet zu bleiben."
- „Ich entscheide mich, meine Kinder zu lieben und sie richtig zu erziehen."
- „Ich entscheide mich abzunehmen."
- „Ich entscheide mich, in meinem Leben unglücklich (oder glücklich) zu sein."
- „Ich entscheide mich, zornig auf den Kerl zu werden, der auf meine Stoßstange auffährt."
- „Ich entscheide mich zuzulassen, daß Dinge aus der Vergangenheit mich heute noch verletzen."
- „Ich entscheide mich zuzulassen, daß die Leute mich so behandeln, wie sie es tun."
- „Ich entscheide, ob ich ein zufriedenes Leben führen will oder nicht."

Wenn diese Aussagen in Ihren Ohren glaubhaft klingen, dann sind Sie auf dem besten Weg, ein wirklich gesundes Leben zu führen. Klingen sie nicht glaubhaft, dann liegt noch eine Menge Arbeit vor Ihnen. Aber bleiben Sie am Ball, es lohnt sich.

Entdecken Sie Ihre Freiheit

Wie schon angekündigt, möchte ich Ihnen weitere Möglichkeiten zeigen, Ihr TRUTH-Tagebuch zu nutzen. Schauen Sie sich zunächst Ihre bisherigen Eintragungen an und nehmen Sie einige Ihrer auslösenden Tatbestände genauer unter die Lupe. Prüfen Sie, ob Sie in dem Abschnitt über die ungesunde Reaktion notiert haben, Sie „müßten" irgendetwas. Schauen Sie nach, wie Ihre Gefühle und Ihr Handeln dadurch beeinflußt wurden.

Führen Sie nun eine Woche lang so genau wie möglich darüber Buch, wann Sie sich selbst sagen, Sie „müßten" in irgendeiner Situation etwas Bestimmtes tun. Schreiben Sie diese Aussagen nieder und prüfen Sie dann mit Hilfe des TRUTH-Systems, welche Wahlmöglichkeiten Sie haben und welche möglichen Konsequenzen jede davon hat. Versuchen Sie aufgrund dieser Einsicht neu zu entscheiden, welche Möglichkeit am besten ist, und setzen Sie diese dann um.

Nehmen wir zum Beispiel an, eine Kollegin, die Sie nicht mögen, möchte sich regelmäßig mit Ihnen zum Mittagessen treffen. Wenn Sie das TRUTH-System anwenden, um diese Situation zu prüfen, könnten Ihre Eintragungen etwa so aussehen:

<u>**T**atbestand:</u> Eine Frau, die ich nicht besonders mag, hat mich gebeten, sie regelmäßig zum Mittagessen zu treffen.

<u>**R**eflexion:</u> Ich muß mich mit ihr treffen, sonst werde ich ihre Gefühle verletzen. Ich kann nicht nein sagen, obwohl ich eigentlich ablehnen möchte. Warum tun Leute mir so etwas an?

<u>**U**ngesunde Reaktion:</u> Ich fühle mich in der Falle, zornig, verärgert darüber, daß sie mich darum gebeten hat.

<u>**T**ruth/Wahrheit:</u> Ich muß nicht ja sagen. Ihre Gefühle könnten verletzt werden, aber das kann ich nicht immer verhin-

dern. Ich kann ihr die Wahrheit sagen, daß ich bereits Leute habe, mit denen ich zum Mittagessen gehe. Ich könnte ihr für die Einladung danken, ihr Gesellschaft zu leisten – es ist ein Kompliment, daß sie mich sympathisch genug findet, mich darum zu bitten. Ich könnte auch versuchen, gelegentlich mal mit ihr zu essen, einfach um ihr Freundlichkeit und Interesse zu zeigen. Was auch immer ich tue, es ist meine Entscheidung. Ich muß in Wirklichkeit nicht ja sagen, nur weil ich darum gebeten wurde. Ich werde ehrlich sein und ihr sagen, daß es mit einem regelmäßigen Treffen nicht klappen wird, daß ich mich aber gerne einmal im Monat mit ihr treffen werde.

Heilsame Reaktion: Ich fühle mich nicht mehr in der Falle, bin zwar ein wenig nervös davor, ihr abzusagen, aber insgesamt ist mir wohler dabei.

Das Ziel dieser Übung ist, gegen Ihre vermeintlichen Zwänge mit der Wahrheit anzukämpfen, daß Sie die Freiheit der Entscheidung haben, und Ihnen zu helfen, die Verantwortung für Ihr Handeln zu übernehmen. Ich möchte Sie ermutigen, diese Wahrheit in Ihrem Leben anzuwenden, so oft Sie können. Auf diese Weise werden Sie klarer erkennen als je zuvor, daß Sie kein Opfer Ihrer Lebensumstände sind oder den Emotionen ausgeliefert wären, die damit einhergehen.

Keiner ist unsterblich

Der bleiche Tod klopft ohne Unterschied an die Tür des Armen und die Palasttore der Könige. Horaz

Wenige Wahrheiten haben das Potential, unser Leben so stark zu beeinflussen wie die Warnung: „Sie werden sterben." DerTod wartet hinter jeder Ecke auf uns alle. Dr. Irvin Yalom schreibt in seinem Buch *Existential Psychotherapy:* „Die offensichtlichste, verständlichste, äußerste Sorge ist derTod. Wir existieren jetzt, aber einesTages werden wir aufhören zu sein. Vor demTod gibt es kein Entrinnen. Es ist eine schreckliche Wahrheit, und wir reagieren darauf mit tödlichem Entsetzen."[1]

Der Tod mag „eine schreckliche Wahrheit" sein, aber wir können dieseWahrheit positiv nutzen, um uns zu motivieren, unser Leben voller auszuschöpfen. Ich will Ihnen jetzt nicht mit „positivem Denken" kommen und Sie dazu bringen, den Tod als eine wunderbare Sache zu betrachten. Vielmehr hoffe ich, Ihnen nachdrücklich vermitteln zu können, daß Sie IhreArt zu leben bedeutend verändern können, wenn Sie denTod im richtigen Licht sehen.

Auf die Gefahr hin, das Offensichtliche zu sagen: DerTod ist die äußerste Grenze, die dem Leben gesetzt ist. In seinem Buch *How to Manage Your Time* hat Dr. Dennis Hensley prägnant beschrieben, wie die Menschheit sich durch die Jahrhunderte hindurch auf vielerlei Weise bemüht hat, die Zeit, die uns auf der Erde zurVerfügung steht, auszudehnen; doch derTod gewinnt immer, und das auf eine erstaunlich vorhersehbareWeise:

„Wir gehen alle auf ein garantiertes Ende zu. Niemand hat dieses System jemals aus den Angeln gehoben. Ja, die Bibel sagt uns sogar, wieviel Zeit uns bis zum Ende bleibt: siebzig oder achtzig Jahre (Psalm 90,10). Es ist interessant, daß sich an diesem Maß nichts geändert hat, obwohl es schon vor dreitausend Jahren aufgezeichnet wurde. Nach dreißig Jahrhunderten voller Fortschritte in Medizin, Bildung, Gesellschaft und Wissenschaft ergeben die jährlichen Erhebungen der Versicherungsgesellschaften immer noch eine durchschnittliche Lebenserwartung von siebzig bis fünfundsiebzig Jahren. Jeder Augenblick des Lebens ist kostbar. Wenn die Zeit einmal um ist, ist sie für immer dahin. Sie können sie nicht zurückkaufen, zurückleihen, zurückbestechen oder gar zurückbeten. Ein verschwendeter Augenblick ist unwiederbringlich dahin."[2]

Dieses Zitat unterstreicht die Wahrheit, daß Sie sterben werden. Es hilft uns sogar einzuschätzen, wann das voraussichtlich geschehen wird. Die Grenze, die der Tod dem Leben setzt, macht unsere Zeit hier unendlich wichtig. Die Tatsache, daß uns das Leben nur in begrenzter Quantität zur Verfügung steht, kann uns zu einem Leben der Qualität motivieren.

Bevor Sie jetzt zu sicher werden, daß Sie bereits bewußt mit Ihrer Zeit umgehen und ein Leben der Qualität führen, lassen Sie mich Ihnen ein paar statistische Fakten nennen. Wenn Sie pro Nacht acht Stunden schlafen, verbringen Sie ungefähr 122 Tage im Jahr schlafend. Wenn Sie für Frühstück, Mittagessen und Abendessen täglich je eine Stunde ansetzen, dann verbringen Sie allein damit siebenundvierzig Tage im Jahr. Schlafen und Essen zusammen kosten Sie die Hälfte eines jeden Jahres, das Sie leben. Addieren Sie dazu all die Zeit, die Sie für Körperpflege, Wegstrecken, Einkaufen und andere Erfordernisse aufwenden, und Sie werden merken, wieviel Zeit uns buchstäblich durch die Finger rinnt.

Mit der verbleibenden Zeit stellen wir oft nichts weiter an, als vor uns hin zu leben, und wir erreichen sehr wenig von bleibendem Wert.

Ich hörte einmal eine Geschichte von einem Mann, der an einem Apfelbaumgarten vorbeifuhr und einen Bauern sah, der seine Schweine eines nach dem anderen hochhob, damit sie die Äpfel fressen konnten. Der Mann hielt seinen Wagen an, stieg aus und ging auf den Bauern zu. „Entschuldigen Sie“, sagte er, „aber ist das nicht ein schrecklich zeitraubendes Verfahren?“ Der Bauer zuckte die Achseln: „Na und? Was bedeutet schon Zeit für ein Schwein?“

Ich frage mich manchmal, ob nicht viele Menschen so blind sind wie dieser Bauer, wenn es darum geht, Bereiche in ihrem Leben zu erkennen, in denen sie Zeit verschwenden.

Die beste Zeit Ihres Lebens

Die Tatsache, daß eine Sache oft durch ihre Begrenzung wertvoller wird, wurde mir während eines Urlaubs nachhaltig bewußt. Meine Frau Holly und ich verbrachten vor der Geburt unseres dritten Kindes Urlaub in Jamaica nach dem Motto: „Lieber *jetzt* noch eine schöne Zeit genießen, solange es noch geht.“ Während wir dort waren, beschloß ich, einmal Jet-Ski zu fahren, was ich noch nie zuvor probiert hatte. Der Preis für eine halbe Stunde Fahrzeit betrug dreißig Dollar. Das kam mir ziemlich teuer vor, aber ich bezahlte es trotzdem.

Da ich nur dreißig Minuten zur Verfügung hatte, versuchte ich, soviel Spaß aus dieser Fahrt herauszuholen wie nur möglich. Ich fuhr in allen verfügbaren Geschwindigkeiten, machte so scharfe Kurven, wie ich nur konnte, überquerte die Meeresbucht so weit wie möglich, und ließ mich sogar ein paarmal absichtlich fallen, um das Ganze noch spannender zu machen.

Während der ganzen Fahrt behielt ich ständig meine Uhr im Auge, da ich wußte, daß meine Zeit relativ schnell vorbei sein würde und die Leute von der Vermietung dann anfangen würden, mich hektisch an den Strand zurückzuwinken. Die zeitliche Begrenzung motivierte mich, aus dieser Fahrt soviel Spaß wie nur möglich herauszuholen.

Angenommen, ich wäre der einmillionste Kunde gewesen und hätte während des ganzen Urlaubs soviel Jet-Ski fahren dürfen, wie ich wollte. Glauben Sie, unter solchen Umständen hätte ich die Fahrt mit dem Jet-Ski auch nur annähernd so intensiv und spannend empfunden?

Ich bin überzeugt, daß sich das gleiche Prinzip auf unser Leben anwenden läßt. Wer wirklich erkennt und respektiert, daß dem Leben eine zeitliche Grenze gesetzt ist, wird sich Mühe geben, das Beste daraus zu machen, das Leben voll auszuschöpfen und alles zu genießen, was zur Verfügung steht.

Wenn der Tod uns motivieren kann, alles aus unserer Zeit herauszuholen, dann können wir ihn auch in einem positiven Licht sehen. Wenn es keinen Tod gäbe und jeder einfach für immer auf dem Planeten bliebe, glauben Sie, die Menschen würden je ein Gefühl der Dringlichkeit empfinden? Wäre das Leben dann noch ebenso intensiv? Würden wir uns genausoviel Mühe geben, es zu genießen? Die meisten von uns würden diese Fragen wahrscheinlich verneinen.

Betrachten wir den Tod also als einen der wichtigsten Motivatoren für unser Leben. Aber das wirft eine ernste Frage auf: Warum lassen sich viele Menschen nicht zu einem erfüllteren Leben motivieren, wenn sie doch wissen, daß ihre Tage gezählt sind? Warum leben so viele Menschen mittelmäßig und ohne Begeisterung dahin oder füllen ihr Leben mit sinnloser Geschäftigkeit, obwohl sie wissen, daß ihre Zeit abläuft? Machen wir es uns doch bewußt: Das Leben ist keine Kostümprobe – das hier ist die Wirklichkeit. Scheinwerfer an, Kamera läuft, Action! Sie sind *auf Sendung!* Das hier ist Ihr Leben, und Sie sind der Hauptdarsteller. Oscar oder Flop? Sie haben die Wahl!

Warum legt es dann nicht jeder auf einen Oscar an? Ich glaube, viele Menschen sind so entsetzt über die Aussicht auf den Tod, daß sie alles tun, um nur nicht an das Sterben denken zu müssen. Wie Kinder, die sich die Ohren zuhalten und immer wieder sagen: „Ich höre nicht zu, ich höre nicht zu, ich höre nicht zu“, so sagen diese Erwachsenen: „Ich akzeptiere die Wahrheit des Todes nicht, ich akzeptiere die Wahrheit des

Todes nicht, ich akzeptiere die Wahrheit des Todes nicht." Je entsetzter die Leute über den Gedanken des Todes sind, desto mehr flüchten sie sich in irgendwelche Aktivitäten, statt zielbewußt zu leben und aus dem Vollen zu schöpfen.

Wenn der Tod eintritt

Woody Allen sagte einmal: „Ich habe keine Angst vor dem Tod. Ich möchte nur nicht in der Nähe sein, wenn er eintritt."

Allzu viele von uns empfinden genauso; doch der Tod erwartet uns alle. Statt sich dieser Wirklichkeit zu stellen, verdrängen viele von uns jeden Gedanken an den Tod. Manche versuchen, ihn durch Geschäftigkeit zu ignorieren oder durch Lachen zu vertreiben. Andere versuchen, ihn hinauszuschieben oder zu überlisten. Doch alles ist umsonst. Am Ende fordert der Tod sein Recht.

Meine eigene Methode, der Wirklichkeit des Todes auszuweichen (und meine etwas wackelige Selbstachtung aufzubessern), bestand lange Zeit darin, mich in die Arbeit zu stürzen. Auch ich dachte, daß der Tod nicht in mein Bewußtsein vordringen könnte, solange ich nur beschäftigt war. Vielleicht haben Sie es ähnlich gemacht oder sind auf irgendeinem anderen Weg vor dieser „schrecklichen Wahrheit" geflüchtet. Ich kann Ihnen jedoch versichern, daß Ihre Fluchtmethode auch nicht erfolgreicher ist als meine. Am Ende wartet immer noch der Tod. Wenn wir uns weigern, dieser Realität ins Gesicht zu sehen, hindert uns das oft daran, ein wirklich erfülltes Leben zu führen.

Die Unausweichlichkeit des Todes kann uns motivieren, intensiver von Augenblick zu Augenblick zu leben. Das Bewußtsein des bevorstehenden Todes kann uns regelrecht herausfordern, unsere Tage sinnvoll zu verbringen. Und wenn wir das tun, wird der Tod viel von seinem Schrecken verlieren. Leonardo da Vinci sagte einmal: „Wie ein gut genutzter Tag glücklichen Schlaf bringt, so bringt ein gut genutztes Leben einen glücklichen Tod."

Da unsere Zeit auf der Erde nun einmal relativ kurz ist, wie sollen wir sie dann nutzen?

Wenn der Tod real wird

Wie oft haben Sie schon von Menschen gehört, die dem Tode einmal sehr nahe gekommen sind und diese Erfahrung als Sprungbrett zu einem sinnvolleren und erfüllteren Leben nutzten? Ein Mann kommt bei einem Flugzeugabsturz beinahe ums Leben und lernt dadurch das Leben besser zu schätzen und zu genießen. Eine Frau bekommt gesagt, daß sie an einem lebensgefährlichen Krebs leidet, aber sie überlebt dank einer erfolgreichen Operation. Hinterher gibt sie ihre Stellung als Verkäuferin auf und wird Lehrerin, weil sie das lohnender findet. Ein rebellischer Jugendlicher überlebt einen beinahe tödlichen Autounfall; hinterher hat er ein neues Empfinden für den Wert des Lebens und beteiligt sich an sinnvollen schulischen Projekten und gemeinnützigen Aktivitäten.

Es könnte sein, daß es an unserem Widerstreben liegt, den Tod zu akzeptieren, wenn unser Leben durch eine Todeserfahrung so stark verändert wird. Wie auch immer, Krisenzeiten machen Menschen fähig zu erkennen, worum es im Leben wirklich geht. Der amerikanische Schriftsteller Jack London reiste in der Hoffnung, Gold zu finden und als reicher Mann heimzukehren, an den Yukon. Er steckte sein Claim ab, aber es enthielt kein Gold. Als der Winter kam, konnte London den Klondike wegen starker Schneefälle nicht verlassen. Vier Monate verbrachte er in einer Hütte, oft vollkommen allein, und wartete auf das Tauwetter im Frühjahr. Er hatte jede Menge Zeit, um über seinen ziellosen Lebensstil nachzudenken: erst Austernpirat in San Francisco, dann Robbenjäger vor den Küsten Japans und Rußlands, Fabrikarbeiter, Schienentramp, Schulabbrecher. Es fing an ihn zu belasten, daß er zwar immer beschäftigt gewesen war, aber nichts Bedeutendes mit seinem Leben angefangen hatte.

In jenem Frühjahr verließ Jack London Alaska, kehrte nach Hause zurück, beendete seine Schulausbildung, verbrachte ein Semester an der Universität von Kalifornien und setzte dann seine ganze Energie daran, Schriftsteller zu werden. Während der nächsten achtzehn Jahre schrieb London hundertundneunzig Kurzgeschichten, zweiundzwanzig Romane, fünf Dramen, achtundzwanzig Gedichte und mehr als zweihundert Zeitungsartikel! Er wurde der erste Mensch in der Geschichte, der ausschließlich mit Schreiben mehr als eine Million Dollar verdiente.

Als er gebeten wurde zusammenzufassen, was ihn zu seinem riesigen Erfolg als Schriftsteller motiviert habe, sagte Jack London, er habe während seiner Gefangenschaft am Yukon ein Credo entwickelt und geschworen, sich für den Rest seines Lebens davon leiten zu lassen. Dieses Credo lautete: „Ich möchte lieber ein großartiger Meteor sein, in dem jedes Atom strahlend aufleuchtet, als ein schläfriger, dauerhafter Planet. Die eigentliche Bestimmung des Menschen ist zu leben, nicht nur zu existieren. Ich werde meine Tage nicht damit verschwenden, daß ich sie zu verlängern suche. Ich werde meine Zeit nutzen." Jack London hatte die Wirklichkeit des Todes erkannt und nutzte deshalb jeden seiner Tage voll aus.

Erstaunlich, nicht wahr? Jack London entwickelte sich vom mittellosen Schulabbrecher zum erfolgreichsten Schriftsteller, den die Welt je gesehen hatte, weil er gezwungen war, sich bewußt zu machen, daß seine Tage auf der Erde begrenzt waren. Und er leistete das alles in nur achtzehn Jahren. Kein schlechter Handel: vier einsame Monate eingeschneit in einer kleinen Hütte gegen achtzehn Jahre unaufhaltsamen Erfolgs.

Wie steht es mit Ihnen? Wissen Sie genau, was Sie vom Leben erwarten? Wissen Sie, wofür Sie so hart arbeiten, wie Sie es tun? Wissen Sie, was Ihnen am meisten wert ist? Nehmen Sie sich etwas Zeit, um die folgende Liste durchzugehen und Ihre Prioritäten einzustufen. Wenn Sie, wie Jack London, nur noch achtzehn Jahre zu leben hätten, welche Punkte würden Sie als „wesentlich" einstufen?

Stufen Sie Ihre Prioritäten ein

A = wesentlich
B = relativ wichtig
C = unwichtig

	A	B	C
1. In einer hübschen Wohnung in einer netten Nachbarschaft leben			
2. Ein schönes Haus in einer netten Nachbarschaft besitzen			
3. Die Ausbildung des Ehemannes fortsetzen			
4. Die Ausbildung der Ehefrau fortsetzen			
5. Geld für die Ausbildung der Kinder zur Seite legen			
6. Ein besseres Auto kaufen			
7. Ein zweites Auto kaufen			
8. Ein Boot, Motorrad, Wohnmobil oder anderes Freizeitvehikel haben			
9. In jeder Saison neue Kleidung kaufen			
10. Haushaltsgeräte und Möbel kaufen			
11. Das Haus neu einrichten			
12. Fürs Alter sparen			
13. Regelmäßig für verschiedene Zwecke sparen			

14. Einmal wöchentlich auswärts essen				
15. Regelmäßig Gäste einladen				
16. Regelmäßig ins Kino, Theater oder Konzert gehen				
17. Reisen				
18. Aktien oder andere Wertpapiere kaufen				
19. Versicherungen abschließen				
20. Regelmäßig Bücher und Platten kaufen				
21. Zeitungen und Zeitschriften abonnieren				
22. Einen Farbfernseher haben				
23. Eine teure Stereoanlage anschaffen				
24. Eine Klimaanlage einbauen lassen				
25. Kunst und Antiquitäten kaufen				
26. Geld für ein Hobby ausgeben				
27. Regelmäßig Sportveranstaltungen besuchen				
28. Einem Sportverein oder Fitneßstudio angehören				
29. Für wohltätige Zwecke, besondere Anliegen oder politische Kampagnen Geld spenden				
30. Teure Geschenke zu Weihnachten, Geburtstagen etc. kaufen				

Ihr persönliches Erwachen

Anfang 1991 kam der Film *Zeit des Erwachens* mit Robert DeNiro und Robin Williams in die Kinos. Er erzählte die Geschichte eines Arztes, der ein Medikament einsetzte, um Menschen aus einer körperlichen Störung zu befreien, die als „Schlafkrankheit" bezeichnet wurde. DeNiro spielte die Rolle eines Mannes, der in seinen Zwanzigern in einen koma-ähnlichen Schlaf gefallen war und nun mit Ende vierzig wieder zu Bewußtsein gebracht wurde. Als DeNiro völlig begriff, was mit seinem Leben geschehen war, begann er fieberhaft zu versuchen, die verlorene Zeit wieder wettzumachen. Er las Bücher, ging tanzen, trieb Sport und fand sogar eine Freundin. Die Kinobesucher empfanden bei seinem Treiben widersprüchliche Emotionen: Auf der einen Seite freute es sie, daß dieser Mann wieder gesund war und sich so für das Leben begeisterte; auf der anderen Seite beunruhigte sie die Tatsache, daß ihr eigenes Leben nicht weniger im Rückstand war als seines – *nur daß sie nicht im Koma gelegen hatten!*

Ich frage mich manchmal, ob es für die meisten von uns nicht gut wäre, einmal nahe am Tod vorbeizugehen, damit wir auch unser persönliches Erwachen erleben können. Russel Noyes berichtete in der Zeitschrift *Psychiatry* über eine Untersuchung an zweihundert Menschen, die nahe am Tod vorbeigegangen waren. Dreiundzwanzig Prozent von ihnen hatten den Eindruck, daß dieses Erlebnis sie besser verstehen ließ, worum es im Leben eigentlich geht.[3] Sie hätten begriffen, daß das Leben kurz und kostbar ist, und diese Erkenntnis hätte neuen Schwung in ihr Leben gebracht. Außerdem berichteten sie, ihre unmittelbare Umgebung jetzt intensiver wahrzunehmen und emotional stärker auf alles Lebendige zu reagieren. Sie lernten, im Augenblick zu leben und so viel wie möglich zu genießen, bevor es zu spät ist.

Diese Ergebnisse stimmen mit den Untersuchungen des Psychiaters Irvin Yalom an todkranken Krebspatienten überein. Sobald seine Patienten die Tatsache akzeptiert hätten, daß ihr Leben schnell seinem Ende zuging, seien bedeutende Veränderungen in ihren Prioritäten und ihrem Verhalten sichtbar geworden:

- Eine Neuordnung der Prioritäten; eine Trivialisierung des Trivialen.
- Ein Gefühl der Befreiung; eine Freiheit, falsche Zwänge abzulegen.
- Eine stärkere Neigung, in der unmittelbaren Gegenwart zu leben, statt auf irgendeinen Zeitpunkt in der Zukunft zu warten.
- Ein lebhaftes Empfinden für die Natur und die schönen Dinge des Lebens: den Wechsel der Jahreszeiten, eine frische Brise, die Farben des Herbstlaubes oder die Feiertagsfreude.
- Tiefere Gespräche mit geliebten Menschen.
- Weniger Menschenscheu, weniger Angst vor Ablehnung, größere Bereitschaft, Risiken einzugehen.[4]

Ist es nicht traurig, daß die meisten von uns erst dem Tod begegnen müssen, bevor wir das Leben richtig schätzen lernen? Wir wissen einfach nicht, was wir haben, bis wir es beinahe verlieren. Norman Cousins drückte es treffend aus: „Der Tod ist nicht der größte Verlust im Leben. Der größte Verlust im Leben ist das, was in uns stirbt, solange wir noch leben."

Tolstois Kurzgeschichte „Der Tod des Iwan Iljitsch" bringt gut den Unterschied zum Ausdruck, ob man „durchs Leben geht" oder das Leben wirklich voll ausschöpft. Iwan Iljitsch ist ein verbitterter und übler Bursche. Er erkrankt an Krebs und leidet unter großen Schmerzen. Dabei kommt er jedoch zu einer Erkenntnis, die sein Leben verändert: *Er stirbt schlecht, weil er schlecht gelebt hat.* Die Erkenntnis dieser Wahrheit verändert Iwan Iljitschs gesamte Sicht des Lebens, und er verändert seine Persönlichkeit und seine Lebensweise radikal. Er fängt an, das Leben zu schätzen, und versucht die noch verbleibende Zeit so gut zu nutzen, wie nur möglich.

Das Scrooge-Syndrom

Am Ende dieses Kapitels möchte ich mit Ihnen eine Aktivität einüben, die Sie dazu motivieren kann, aus Ihrer Zeit das Beste zu machen. Zur Einleitung lassen Sie mich Charles Dickens' klassische Geschichte *Ein Weihnachtslied* ins Gedächtnis rufen. Sie erinnern sich sicherlich, daß Ebenezer Scrooge sein Leben in Geiz, Selbstsucht und Einsamkeit gefangen fristete. Ihm war nichts wichtig als das Ansammeln und Horten von Geld.

Dann geschah an einem Weihnachtsabend etwas Übernatürliches: Scrooge erhielt Besuch von drei Geistern. Einer der Geister erinnerte ihn an seine Vergangenheit und zwang ihn, sich der Tatsache zu stellen, daß er einst gute Freunde und die Liebe einer schönen jungen Dame gehabt hatte, doch seine Habgier hatte sie alle vertrieben.

Der zweite Geist verschaffte Scrooge einen ernüchternden Blick auf die Gegenwart. Scrooge sah hungernde Kinder, erschöpfte Arbeiter und verzweifelte Bettler, an denen er jeden Tag auf dem Weg zur Arbeit vorbeiging, ohne sie zu beachten. Er sah die Familie seines Angestellten Bob Cratchit. Bobs jüngster Sohn, Tiny Tim, lag im Sterben, weil der Familie das Geld für eine ordentliche ärztliche Behandlung fehlte. Hätte Scrooge je auch nur eine Spur Anteilnahme besessen, so hätte er von dieser Situation wissen müssen; doch er war stets damit beschäftigt, sein Gold zu zählen und seine Bücher zu prüfen.

Der dritte Geist zeigte Scrooge die unmittelbare Zukunft. Nicht nur Tiny Tim würde sterben, sondern auch Scrooge selbst. Nach seinem Tod würden die Leute sein Haus plündern und ihn verspotten. Niemand würde Blumen auf sein Grab legen.

All dies erschreckte den alten Ebenezer natürlich. Er erkannte, daß er sein Leben mit banalen, einsamen, kleinlichen Aktivitäten vergeudet hatte.

Wie Sie wissen, hat die Geschichte ein Happy-End. Scrooge bekam eine zweite Chance und durfte noch mehrere

Jahre leben. Sofort machte er sich an die Arbeit, die verlorene Zeit wieder wettzumachen. Er kaufte Lebensmittel für die Armen, spendete den Bedürftigen Geld, besuchte seinen Neffen und verdoppelte Bob Cratchits Gehalt. Aufgrund all dieser Veränderungen in seinem Charakter wurde er „so lustig wie ein Schuljunge". Am Ende hat man den Eindruck, daß Scrooge in seinen letzten paar Jahren wahrscheinlich mehr *lebte* als in den sechzig Jahren davor.

Nun möchte ich Ihnen dieselbe Erfahrung vermitteln. Betrachten Sie den „Lebensfahrplan" auf Seite 84 und füllen Sie ihn aus.

In den unteren Kasten tragen Sie das heutige Datum ein. Dann verzeichnen Sie die Dinge, die Sie bisher erreicht haben, etwa „Abitur", „zwei Jahre Bundeswehr", „elf Jahre verheiratet", „zwei prächtige Kinder", „zum Gemeindediakon gewählt", „vier Kegelpokale", „einen 65er Mustang komplett restauriert", „1993 zum stellvertretenden Geschäftsleiter befördert". Notieren Sie alles, was Sie in Ihrem Leben bisher erreicht haben und worauf Sie stolz sind.

Dann gehen Sie zum Kasten darüber und tragen das Datum von heute in einem Jahr ein. In diesem Kasten notieren Sie drei oder vier Dinge, die Ihr Leben sehr bereichern würden, wenn Sie sie bis dahin erreicht hätten. Sie könnten beispielsweise hineinschreiben „ein Dutzend Klassiker der Literatur lesen", oder „an einem Seminar über Umgang mit Geld teilnehmen" oder „ein Nebengeschäft mit antikem Schmuck beginnen" oder „einen Immobilien-Kurs mitmachen" oder „Notenlesen und Klavierspielen lernen". Betrachten Sie dies als Ihre Ziele für das kommende Jahr.

Dann wandern Sie immer weiter nach oben und tragen die Daten von heute in drei, fünf, fünfzehn und dreißig Jahren ein. Gebrauchen Sie Ihre Vorstellungskraft! Was möchten Sie während dieser Jahre gern tun, sein, erleben, lernen, sehen und versuchen?

Schließlich versuchen Sie, sich gedanklich in die Zeit nach Ihrem Tod zu versetzen. Was werden die Leute über Sie in Erinnerung behalten? Was wird in Ihrem Nachruf stehen?

Wie würde Ihre Eintragung im *Who's Who* am Ende Ihres Lebens lauten? Erstellen Sie eine kurze Liste dieser Träume und Ziele im obersten Kasten. Sie könnten sagen „wurde zum Millionär“ oder „errang einen Sitz im Bundestag“ oder „schrieb einen Bestseller-Roman“ oder „entdeckte ein Heilmittel gegen AIDS“ oder „wurde zum Lehrer des Jahres ernannt“ oder „besuchte fünfundsechzig verschiedene Länder“ oder „machte eine archäologische Jahrhundertentdekkung“. Schreiben Sie Ihre größten Ambitionen auf.

Nun kommt ein Geschenk, das wertvoller ist, als Sie es sich vielleicht je klargemacht haben: Sie können weiterleben. Sie haben etwas, das wertvoller ist als alles, was Sie sich vorstellen können – Leben! Sie haben Zeit – Zeit, um Ihre Ziele zu erreichen und Ihre Träume zu verwirklichen. Ja, eines Tages werden Sie sterben. Dieser schmerzlichen Wahrheit kann niemand entkommen. Aber für heute gilt wirklich: Scheinwerfer an, Kamera läuft, Action! Sie sind gefordert, auf die Bühne zu treten und Ihr Bestes zu geben. Das Geschenk des Lebens ist dazu da, es sinnvoll zu gestalten und so viel auszuschöpfen wie möglich. Versuchen Sie mit allem, was in Ihnen steckt, das Beste aus dem Leben herauszuholen. Denken Sie daran, der bleiche Tod wird auch an Ihrer Tür klopfen.

Lebensziele

Schreiben Sie einen *Who's Who*-Eintrag über Ihr Leben und Ihre Leistungen.

Pensionierung

Datum:
Mein Ziel:

Heute in dreißig Jahren

Datum:
Mein Ziel:

Heute in fünfzehn Jahren

Datum:
Mein Ziel:

Heute in fünf Jahren

Datum:
Mein Ziel:

Heute in drei Jahren

Datum:
Mein Ziel:

Heute in einem Jahr

Ausgangspunkt

Fassen Sie zusammen, was Sie bisher erreicht haben.

Datum:

Im Kampf liegt die Tugend, nicht im Preis[5]

Wenn der eine große Schiedsrichter kommt, um deinen Namen einzutragen, schreibt er nicht auf, ob du gewonnen oder verloren, sondern wie du das Spiel gespielt hast.

Grantland Rice

Eines Tages trafen sich zwei Frauen auf der Straße.

„Lucy, dich habe ich ja seit Ewigkeiten nicht gesehen", rief die erste. „Deine neue Tierhandlung muß dich wirklich sehr in Atem halten."

„Die Tiere sind alle durch verschmutztes Wasser krank geworden", sagte Lucy. „Sie sind gestorben, und ich habe das Geschäft aufgeben müssen."

„Nein! Wie tragisch. Du und Ralph, ihr müßt ja am Boden zerstört sein."

„Ralph ist tot. Einer der Hunde hat ihn gebissen, und er bekam Tollwut. Es dauerte keinen Monat."

„Unglaublich", sagte die erste Frau entsetzt. „Dein Sohn muß ihn schrecklich vermissen."

„Der Schock war zuviel für ihn. Er starb an einem Herzanfall."

„Dein Sohn auch? Das ist einfach nicht zu fassen. Wie schrecklich!"

„Oh, warte nur ab", sagte Lucy und begann zu lächeln, „du hast ja die guten Neuigkeiten noch nicht gehört ..."

Just in diesem Augenblick traf sie ein Blitzschlag, und sie fiel tot auf den Bürgersteig.

Wir alle können über diese Geschichte lachen, nicht aus Freude an makabrem Humor, sondern weil wir uns mit den Problemen dieser armen Frau so gut identifizieren können.

Manchmal sieht es so aus, als brächte jeder Tag nur neue Probleme. Am Montag liegt Ihre Stromrechnung im Briefkasten, und sie ist dreimal so hoch wie Ihr Kontostand. Am Dienstag muß Ihr Kind mit einer Halsentzündung ins Bett. Am Mittwoch springt Ihr Auto nicht mehr an, und Sie müssen sich von anderen mitnehmen lassen, bis es repariert ist. Am Donnerstag eröffnet Ihnen Ihr Ehepartner, daß er die Nase voll hat von der Ehe. Am Freitag entdecken Sie, daß Sie bei einem mißglückten Aktienkauf Tausende verloren haben.

Und so geht es immer weiter, ohne Ende.

Vielleicht ist das der Grund, warum wir so herzhaft über Wile E. Coyotes endlose Bemühungen lachen müssen, den Road Runner zu fangen. Es ist, als beobachteten wir uns selbst. Wenn für den Koyoten etwas schief geht, führt das normalerweise zu einer Kettenreaktion von Katastrophen. Der Felsbrocken, den er den Hang hinab auf den Road Runner zurollen läßt, rollt den gegenüberliegenden Hügel empor, pendelt zurück und begräbt den armen Koyoten unter sich ... und dann gibt der Felsvorsprung, auf dem er sich befindet, nach, und er stürzt in die Schlucht hinab und kracht auf den Boden ... wonach derselbe Felsbrocken noch einmal auf ihn herabfällt. Schließlich wälzt er sich darunter hervor und taumelt auf die Füße, nur um im nächsten Augenblick von einem Lastwagen überfahren zu werden.

Es ist so dumm, und doch lache ich mich seit mehr als dreißig Jahren über diese Zeichentrickfilme kaputt. Es macht einfach Spaß, weil wir wissen: Auch wenn der Koyote zu einem Akkordeon zusammengequetscht wird, wird er doch in zehn Sekunden wieder auf den Beinen sein und einen neuen Versuch starten.

Darin liegt eine Botschaft. Wenn wir über diesen lächerlichen Koyoten lachen, lachen wir über uns selbst und darüber, wie es im Leben oft zugeht. Die Jagd auf den Road Runner ist das, was dem Leben des Koyoten einen Sinn gibt. Den sehnigen kleinen Vogel zu fangen wäre beinahe eine Antiklimax nach all den Jahren der Pläne und Schliche, um ihn zu überlisten. Was sollte nach dieser Eroberung noch kommen? Es ist der Kampf, der im Koyoten Hartnäckigkeit, Energie und Erfindungsreichtum weckt. Das ist es, worüber wir lachen – er wird immer cleverer, weil er einfach nicht weiß, wann er aufhören muß.

Und wir wissen es auch nicht, hoffe ich.

Wile E. Coyote hat viele menschliche Züge. Auch wir lieben den Kampf oft mehr als den Siegeslohn, den er uns bietet. Als Alexander der Große im Jahre 323 vor Christus die gesamte bekannte Welt erobert hatte, setzte er sich nieder und weinte, weil es keine Schlachten mehr zu gewinnen gab. Beinahe dreitausend Jahre später, nur wenige Monate nach dem 20. Juli 1969, als Edwin „Buzz“ Aldrin jr. als einer der ersten beiden Menschen den Mond betreten hatte, wurde Aldrin klar, daß er als Pilot keine neuen Ziele mehr zu erreichen hatte, und er erlitt einen Nervenzusammenbruch.

Eine der großen Ironien des Lebens ist es, daß die Leute sich ständig beklagen, wie schwierig es sei, „vorwärts zu kommen“, aber wenn sie dann nicht mehr kämpfen müssen, geraten sie entweder in Hektik und *machen* sich Arbeit, oder sie verlieren das Gefühl, ein Ziel im Leben zu haben, und entwickeln emotionale Probleme. Nur wenige Menschen scheinen in der Lage zu sein, den Erfolg zu „ertragen“ und den „Preis“ zu genießen, wenn sie ihn einmal errungen haben. Die Unfähigkeit, auf dem Weg dorthin den Kampf zu genießen, macht es vielen von uns schwer oder sogar unmöglich, den Preis zu genießen.

Dies ist ein immer wiederkehrendes Thema der großen Literatur aller Epochen gewesen. Der Roman *Les Misérables* von Victor Hugo z.B. schildert die ständige Jagd eines Polizeiinspektors namens Javert nach dem immer wieder entwischenden Verbrecher Jean Valjean. Als Javert am Ende endlich die Chance hat, Valjean nach vielen Jahren der Verfolgung festzunehmen, bringt er es nicht über sich. Statt dessen stürzt er sich in die Seine und begeht Selbstmord. Die Jagd hatte ihm einen Grund zum Leben verschafft, und mit ihr endete auch sein Leben.

Achten Sie einmal auf Parallelen dazu im wirklichen Leben. Haben Sie je Eltern sagen hören, daß sie es nicht erwarten können, bis ihre Kinder groß und aus dem Haus sind, damit sie endlich wieder Zeit für sich selbst haben? Doch wenn es dann tatsächlich soweit ist, werden dieselben Eltern schier verrückt mit all der Zeit, die ihnen zur Verfügung steht?

Haben Sie je einen Mann sagen hören, er könne es nicht erwarten, endlich in Rente zu gehen und nicht mehr arbeiten zu müssen, doch wenn es dann soweit ist, überkommen ihn Depressionen und vielleicht sogar Selbstmordgedanken, weil er seine auf die Arbeit gegründete Identität verloren hat? Dies ist eines der Themen in Joseph Waumbaughs Roman *The New Centurions,* der Geschichte eines Polizeibeamten, der sich nach seiner Pensionierung umbringt, weil er das Gefühl hat, keine Existenzberechtigung mehr zu haben.

Ich selbst hatte so meine Schwierigkeiten mit der Wahrheit, daß die Tugend im Kampf liegt, nicht im Preis. Ich neige dazu, mich so sehr auf den Preis zu fixieren, daß ich meine Bemühungen auf dem Weg dorthin kaum zu schätzen weiß. So war es auch in meinem Studium. Ich hatte das Gefühl, erst dann Zufriedenheit und „Sieg“ erleben zu können, wenn ich meinen Doktortitel bekäme, nicht durch meine Anstrengungen, ihn zu erringen. Fünf Jahre Studium waren eine lange Wartezeit auf den Sieg. Bei meinem ersten Buch *Lügen, die wir glauben* war es genauso. Über ein Jahr lang arbeitete ich hart daran, aber ich gestatte mir kaum das Gefühl, etwas geleistet zu haben, bis es vollendet war. Die Anstrengung des Schreibens schien überhaupt keinen Eigenwert zu besitzen, während ich die ganze Siegesfreude allein daraus bezog, das Buch fertigzustellen.

In jedem dieser Fälle habe ich mich selbst um vieles gebracht. Im Rückblick erkenne ich, daß die Tugend in meinen Bemühungen um einen Doktortitel lag, nicht darin, daß ich ihn schließlich bekam. Ich erkenne auch, daß die Tugend in der Arbeit an meinem Buch lag, nicht darin, daß es schließlich erschien. Diese Ergebnis-Mentalität, die die Anstrengungen auf dem Spielfeld nicht so hoch bewertet wie das Endergebnis, macht vielen von uns sehr zu schaffen.

Auch wenn wir es ein Leben lang leugnen und unser Augenmerk allein auf den Preis richten: Die Wahrheit ist, daß die Tugend in unseren Bemühungen um das Ziel liegt, nicht darin, daß wir schließlich den Lohn erringen, der uns so lange vor Augen stand.

Den Kampf akzeptieren

Wenn wir nach der Verwirklichung unserer Träume streben, müssen wir uns auch mit der Möglichkeit befassen, daß es uns nicht gelingt. Wie oft sind Sie sich schon wie ein Versager vorgekommen, weil Sie Ihr Ziel trotz aller Anstrengungen schließlich doch nicht erreichen konnten? Im Leben kommt es so oft vor, daß unsere Bemühungen nicht zum erhofften Ergebnis führen. Ein Vertreter investiert ungemein viel Zeit in ein wichtiges Geschäft mit einem Kunden, aber der Abschluß kommt nicht zustande. Ein Sportler trainiert gewissenhaft für einen entscheidenden Wettbewerb, aber er kommt nicht unter die ersten Drei. Eltern setzen alles daran, ihren Kindern eine gute Erziehung zu vermitteln, doch eines von ihnen trifft zahlreiche unkluge Entscheidungen, die ihre Bemühungen völlig zunichtemachen. Das Leben steckt voll solcher Situationen, in denen unsere Anstrengungen nicht von Erfolg gekrönt werden, zumindest nicht so, wie wir es uns erhofft hatten.

In solchen Situationen würden sich die meisten von uns fühlen, als ob sie versagt hätten und ihre Bemühungen wertlos seien. Wir empfinden unsere Anstrengungen nur dann als lohnend, wenn sie zum angestrebten Erfolg führen. Auch hier möchte ich betonen: Wir müssen uns der Wahrheit stellen, daß die Tugend immer in unseren Bemühungen liegt, nicht in dem, was sie uns einbringen.

Das klingt banal, aber auf einer tieferen Ebene wird diese Wahrheit sehr wichtig. Sie steigert unsere Bereitschaft, etwas zu versuchen, und mindert unsere Verärgerung und Verbitterung, wenn der Erfolg ausbleibt. Werfen Sie noch einmal einen Blick in mein Sprechzimmer, um zu sehen, wie wichtig diese Wahrheit ist.

Hal war durch und durch Perfektionist, was sich in chronischen Depressionen und niedriger Selbstachtung bemerkbar machte. Sein Leben lang hatte er mit dem Gefühl zu kämpfen, seine Leistungen seien nie wirklich gut genug. Über seine Noten auf dem College hätten die meisten von uns gejubelt; ihm kamen sie jedoch mittelmäßig vor, weil er nicht immer nur Einsen einheimste.

Genauso empfand er in bezug auf seine sportlichen Leistungen. Er war ein eifriger Golfer, aber er ärgerte sich ständig über sein Golfspiel, weil es ihm nie „gut genug“ war. Er konnte sich auch nach dem besten Spiel seines Lebens noch über die ein oder zwei Löcher ärgern, die er nicht ganz perfekt gespielt hatte.

In unseren Sprechstunden akzeptierte Hal zunächst die Wahrheit „Irren ist menschlich“, die wir bereits erörtert haben, und seine Depressionen sowie sein Selbsthaß begannen sich zu lösen. Doch trotz unserer Fortschritte wurde Hal von dem Gefühl beschlichen, daß seine Besserung schneller voranschreiten sollte. Er würde nie Zufriedenheit finden, solange er nicht von seinem Perfektionismus geheilt war. Also sprachen wir darüber.

„Dr. Thurman, ich verliere allmählich die Geduld mit der Therapie. Es geht mir einfach nicht schnell genug. Meine Fortschritte sind wirklich zu langsam!“

„Sie meinen, Sie müßten sich schneller verändern?“

„Ja. Ich meine, ich sollte mittlerweile eigentlich über dieses Problem hinweg sein“, antwortete er in einem Ton, der nicht gerade zum Widerspruch ermutigte.

„Hal, das klingt, als seien Sie perfektionistisch in bezug auf Ihren Perfektionismus“, sagte ich.

„Was? Wie meinen Sie das?“

„Nun, Sie sind seit Ihrer frühen Kindheit Perfektionist gewesen und haben dieses Verhalten seit mehr als vierzig

Jahren Tag für Tag eingeübt, und jetzt wundern Sie sich, daß Sie nach zwölf Therapiesitzungen noch nicht geheilt sind. Wie realistisch ist das?"

„Nicht besonders, schätze ich", gab Hal zu. „Aber ich fühle mich einfach nicht wohl in meiner Haut, bis ich diese Sache überwunden habe."

Langsam schüttelte ich den Kopf. „Die Bemühung ist nichts wert, nur der Preis", murmelte ich mehr zu mir selbst als zu Hal.

„Wie bitte?" fragte Hal. „Ich verstehe nicht, was Sie damit meinen."

„Die Tatsache, daß Sie gegen Ihren Perfektionismus anzukämpfen versuchen, scheint Ihnen keine Befriedigung zu geben. Statt dessen stellen Sie sich auf den Standpunkt, daß Sie erst gesiegt haben, wenn Sie Ihr Problem vollständig überwunden haben."

„Nun, das stimmt doch, oder nicht? Solange ich meinen Perfektionismus nicht überwinde, gibt es keinen Sieg."

„Da kann ich Ihnen nicht zustimmen", erwiderte ich unverblümt. „Die Tatsache, daß Sie hierhergekommen sind, sich helfen lassen und versuchen, weniger perfektionistisch zu sein, ist Ihr wahrer Sieg, Ihre ‚Tugend', wenn Sie so wollen. Es geht nicht darum, ob Sie das Problem schon völlig im Griff haben oder nicht."

„In der Theorie klingt das hübsch", gab er zurück, „aber solange ich noch gegen den Perfektionismus kämpfe, bin ich weiterhin depressiv, zornig und unglücklich. Das ist nicht gerade eine tolle Belohnung für all meine Mühe."

„Aber Sie tun alles, was Sie können. Kann das nicht genug sein?" fragte ich, obwohl Hal es sicher nicht so sehen würde.

„Nein, es ist nicht genug. Ich kann nicht zufrieden sein, solange ich keine Ergebnisse meiner Bemühungen sehe. So bin ich nun einmal."

„Aber war dieses ‚So bin ich nun einmal' nicht genau der Grund, warum Sie so unglücklich wurden und zu mir kamen, um sich helfen zu lassen", entgegnete ich. „Sie reden, als wollten Sie unbedingt so bleiben, wie Sie sind."

„Nein, ich sage nur, daß es mir schwer fällt, schon die ‚Bemühung‘ als Sieg anzuerkennen. Was ich will, ist das Endergebnis – das ist der Sieg, auf den ich es abgesehen habe.“

„Das verstehe ich, Hal, aber ich glaube, daß es genau diese Einstellung ist, die Sie so oft in emotionale Probleme bringt. Es ist doch oft so, daß der Lohn unserer Mühe noch in weiter Ferne liegt, wenn er überhaupt erreichbar ist. Da scheint es mir unvermeidlich, daß wir unseren Sieg schon in dem Versuch sehen müssen, ein lohnendes Ziel zu erreichen.“

„Vielleicht. Aber was Sie mir da schmackhaft machen wollen, ist meiner ganzen Denkweise völlig fremd“, sagte Hal. „Ich bin nicht sicher, ob ich das schlucken kann.“

„Ich weiß, wovon ich rede, glauben Sie mir. Der Gedanke, daß unser Bemühen das Entscheidende ist, hat auch in mein Denken nicht immer hineingepaßt. Aber ich glaube, daß dies eine der entscheidenden Wahrheiten ist, nach denen wir leben müssen, wenn wir emotional gesund sein wollen. Sie sind doch Golfspieler. Da kommt es doch auch nicht darauf an, die Punktvorgabe einzuhalten, sondern Ihr Bestes zu geben. So einfach das klingt, es ist die Wahrheit.“

„Sie wollen also sagen, daß ich schon mit meinen Bemühungen um Veränderung zufrieden sein soll – zumindest vorläufig – statt mich so sehr darauf zu fixieren, meinen Perfektionismus total zu überwinden. Das werde ich bei all meiner Mühe schon noch schaffen, oder? Wie beim Golfspielen: Man hält den Kopf unten und den linken Arm gerade, und der Ball *muß* beinahe in die Richtung fliegen, die man will.“

„Ja, das stimmt“, nickte ich. „Alles, was wir tun können, ist, uns Mühe zu geben. Darin liegt unser Sieg, unsere Tugend. Und dann fliegt der Ball auch dahin, wo er hingehört.“

Seither geht es Hal schon viel besser, aber er hat lange gebraucht, um die Ursachen seines Perfektionismus herauszufinden.

Als Hal ein kleiner Junge war, lud ihn sein Vater immer zu einem Hamburger und einem Malzbier ein, wenn er ein Tor geschossen oder gut gespielt hatte. Doch nach einem schlechten Spiel fuhr ihn sein Vater direkt nach Hause. Daraus zog Hal den Schluß, daß sein Vater ihn nicht akzeptierte und schätzte, falls er nicht „super" spielte. Hals ganzes Leben hätte anders verlaufen können, wenn sein Vater ihm zum Beispiel gesagt hätte: „Tut mir leid, daß du daneben geschossen hast, Junge, aber ich bin trotzdem stolz auf dich, weil du dein Bestes gegeben hast. Laß uns noch einen Hamburger essen, und dann fahren wir heim und spielen noch ein bißchen, bevor es dunkel wird."

Als Kind hätte Hal die Hilfe seiner Eltern gebraucht, um zu erkennen, daß Irren menschlich ist, und daß seine Eltern ihn *bedingungslos* liebten, auch wenn er schlecht spielte oder verlor. Da ihm dies nicht vermittelt wurde, fiel er der Vince-Lombardi-Manie zum Opfer, die besagt: „Gewinnen ist nicht alles, es ist das *Einzige*." Was für ein Quatsch!

Hier ist eine bessere Einstellung zum Thema Gewinnen und Verlieren: Teddy Roosevelt war kleiner als die meisten anderen Männer. Außerdem hatte er schlechte Augen. Als Kind war er oft sehr krank. 1880 heiratete er Alice Hathaway Lee, die schon vier Jahre später starb. Er bewarb sich um das Amt des Bürgermeisters von New York und verlor. 1912 kandidierte er für das Amt des Präsidenten und verlor. 1919 organisierte er eine Expedition, um die entlegenen Urwälder Südamerikas zu erforschen, doch er starb an einem Blutgerinnsel, bevor er sehr weit in den Dschungel vordringen konnte.

Oberflächlich betrachtet könnte man es für ein schreckliches Leben halten. Aber Roosevelt lebte Tag für Tag nach dem Prinzip, daß die Tugend im Kampf liegt, nicht im Preis. Er drückte es so aus:

„Die Ehre gebührt dem Mann, der tatsächlich in der Arena steht, dessen Gesicht von Staub und Schweiß gezeichnet ist, der sich tapfer bemüht, der sich irrt und vielleicht immer wieder scheitert, weil es nun einmal keine Anstrengung ohne Irrtümer und Unzulänglichkeiten gibt, der aber wirklich danach strebt, die Taten zu vollbringen, der große Begeisterung und Hingabe kennt."[6]

Half diese Einstellung Roosevelt durch diese schrecklichen Phasen seines Lebens hindurch? Urteilen Sie selbst. Hier ist eine kurze Zusammenfassung dessen, was er in seinem Leben erreichte: Präsident der New Yorker Polizei, Staatssekretär der US-Marine, Oberst bei den *Rough Riders,* Gouverneur von New York, ab 1900 Vizepräsident der Vereinigten Staaten, mit zweiundvierzig Jahren der jüngste Präsident der Vereinigten Staaten (1901-1909), Autor von über zweitausend veröffentlichten Artikeln, Essays und Büchern, Vater von sechs Kindern in zwei Ehen, Friedensnobelpreisträger des Jahres 1906.

Teddy Roosevelt war an jedem Tag seines Lebens ein „Sieger" – ob er eine Wahl gewann oder sie verlor, ob er bei einer Aufgabe Fortschritte erzielte oder Rückschläge erlitt – denn ein Sieger war nach Roosevelts eigener Definition jemand, der eine Anstrengung unternahm. Sich anzustrengen, dabei zu sein – das zählte, nicht, ob man den ersten, zweiten oder dritten Platz belegte.

Wenn Verlieren Gewinnen bedeutet

Wer im Sport, in der Geschäftswelt, in der Politik, Industrie oder Kunst an der Spitze steht, kennt diese Wahrheit: Wenn man bei irgend etwas sein Bestes tut, ist man am Ende der Gewinner, egal, wie das Ergebnis aussieht.

Das klingt nach einem Widerspruch, aber wenn Sie mir noch einen Moment zuhören, werde ich Ihnen erklären, wie ich das meine.

Während der Olympischen Spiele 1980 errang ein amerikanischer Sportler namens Eric Heiden alle fünf Goldmedaillen im Eisschnellauf. Bei den ersten vier Wettkämpfen stellte Heiden neue olympische Rekorde auf: 38,03 Sekunden im 500-Meter-Lauf; 1 Minute 15,18 Sekunden im 1.000-Meter-Lauf; 1 Minute 55,44 Sekunden über 1.500 Meter und 7 Minuten 2,29 Sekunden über 5.000 Meter.

Im letzten Wettkampf, dem 10.000-Meter-Lauf, erzielte Heiden sogar einen neuen Weltrekord von 14 Minuten 28,13 Sekunden.

So erstaunlich diese Siege auch waren, für den, der Eric Heiden über die Jahre hinweg beobachtet hatte, kamen sie nicht überraschend. Heiden hatte jedesmal gewonnen, wenn er an einem Amateurwettkampf teilnahm. Er galt als der beste Eisschnelläufer, der je gelebt hatte. Die Sportjournalisten wußten es; die Trainer wußten es; selbst Heidens Konkurrenten wußten es. Die Sache war schlicht und einfach die, daß im Eisschnellauf niemand Eric Heiden schlagen konnte.

Nun könnte man meinen, daß dieses Wissen die Läufer, die gegen Heiden anzutreten hatten, demoralisieren und entmutigen mußte. Warum sollte man sich überhaupt an einem Rennen beteiligen, wenn man ohnehin nicht die geringste Chance hatte, mit dem Favoriten Schritt zu halten? Deprimierend, nicht wahr?

Doch das Gegenteil erwies sich als wahr. Als Heiden den 500-Meter-Lauf gewann, ging die Silbermedaille an Jewgenij Kulikow aus der UdSSR, der in diesem Rennen *seine persönliche Bestzeit* lief. Als Heiden den 1.000-Meter-Lauf gewann, stand Gaetan Boucher aus Kanada mit *seiner persönlichen Bestzeit* über 1.000 Meter an zweiter Stelle.

Und so war es in jedem Wettkampf. Die Gewinner der Silber- und Bronzemedaillen erreichten bessere Zeiten als je zuvor in ihrem Leben, einfach, weil sie ihr Bestes taten, um mit Eric Heiden Schritt zu halten. Dieses Phänomen wurde als „Heiden-Effekt“ bezeichnet: Man versucht einen Konkurrenten zu übertreffen, gegen den man eigentlich keine

Chance hat, und erzielt dadurch eine neue persönliche Bestleistung.

Würden Sie Jewgenij Kulikow und Gaetan Boucher Verlierer nennen, nur weil sie nach Eric Heiden als Zweite durchs Ziel gingen? Ich nicht. Meiner Meinung nach ist jeder Mensch, der seine bisherigen Leistungen übertrifft, ein *Sieger.* Das versuche ich auch meinen drei Kindern zu vermitteln. Wenn sie sich wirklich bemühen, dann sind sie in meinen Augen Sieger. Und anders als Hals Vater habe ich vor, sie das auch *wissen* zu lassen, – vorbehaltlos!

Im Kampf liegt die Tugend, nicht im Preis. Lernen Sie diese Wahrheit auswendig. Meditieren Sie darüber. Greifen Sie darauf zurück, wenn bei aller Mühe kein Lohn in Sicht ist. Wenn Sie gegen ein Gewichtsproblem kämpfen und wenig Fortschritte machen, erinnern Sie sich daran, daß Ihr Sieg in Ihrem Bemühen liegt, das Gewicht loszuwerden. Wenn Sie gegen Ihre Schulden ankämpfen, erinnern Sie sich daran, daß Ihre Tugend in dem Bemühen liegt, Ihre Rechnungen abzuzahlen. Wenn Ihre Ehe zu scheitern droht und all Ihre Bemühungen nichts zu fruchten scheinen, erinnern Sie sich daran, daß Ihr Sieg in dem Bemühen liegt, Ihre Ehe zu verbessern. Ich hoffe, daß der Satz „Ich habe es wirklich versucht" zu einer befriedigenden Aussage für Sie werden kann. Häufig wird er zu einem „Ich habe es geschafft" werden, dem Preis, den die meisten von uns sich wünschen.

Eine neue Denkweise

Auch dieses Kapitel hat Sie herausgefordert, Ihre traditionelle Denkweise über gewisse Vorstellungen, Beziehungen und Konzepte zu ändern, die Sie Ihr ganzes Leben lang gehört oder erfahren haben. Als abschließende Übung sollten Sie sich Stift und Papier nehmen und alle Vorzüge und Nachteile der „alten" und „neuen" Denkweisen auflisten.

Worin liegen die Vor- und Nachteile des Gedankens „Irren ist dumm und unentschuldbar" im Vergleich zu „Irren ist menschlich"? Welchen Unterschied macht es für Ihr Leben aus, ob Sie denken „Die Dinge sollten anders sein" oder „Das Leben ist nicht so, wie es sein sollte"? Wie lauten Pro und Contra des Gedankens „Im Kampf liegt die Tugend, nicht im Preis"?

Lassen Sie sich von den Ergebnissen Ihrer Gegenüberstellungen sagen, welche Überzeugungen Sie behalten und welche Sie ablegen und durch bessere ersetzen sollten.

Sie haben keinen Anspruch

Das ist die wahre Freude im Leben: gebraucht zu werden für eine Sache, die man als groß erkennt; alles gegeben zu haben, bevor man auf den Abfallhaufen geworfen wird; eine Naturgewalt zu sein anstelle eines fiebernden, selbstsüchtigen kleinen Jämmerlings, der ständig darüber klagt, daß nicht die ganze Welt darauf bedacht ist, ihn glücklich zu machen.

George Bernard Shaw

Eine der schwierigsten Einstellungen, mit denen es ein Lebensberater zu tun bekommen kann, ist das Anspruchsdenken, die Einstellung: „Die Welt schuldet mir etwas." Sie zeigt sich in Überzeugungen wie den folgenden:

„Ich habe studiert, also verdiene ich einen hochbezahlten Job."

„Ich bin gut zu meinen Freunden gewesen, also schulden sie mir Loyalität."

„Ich bin ein älterer Bürger, also verdiene ich den Respekt der Jüngeren."

„Wir sind nicht auf der Erde, um zu leiden; also ist mir das Leben jetzt eine Atempause schuldig."

„Ich habe für meine Kinder gesorgt, als sie klein waren, also habe ich Anspruch auf ihre besondere Fürsorge, wenn ich alt bin."

Unsere Kultur begünstigt diese Auffassungen in uns. In den siebziger Jahren baute die Restaurantkette McDonald's eine ganze Werbekampagne auf dem Slogan auf: „Sie *verdienen* heute eine Pause." In den Achtzigern forderte eine andere Werbekampagne uns auf: „*Verwöhnen* Sie sich mit Calgon." In den Neunzigern hieß es: „Sie sind es sich *schuldig,* einen Mercedes Benz zu kaufen." Die Gesellschaft bombardiert uns ständig mit der Botschaft, wir seien so phantastische Leute, daß wir Anspruch auf einen ebenso phantastischen Lebensstil hätten.

Bis zu einem gewissen Grad haben wir alle dieses Gefühl, berechtigte Ansprüche zu haben. Wir meinen, die Welt sei uns etwas schuldig, weil wir irgend etwas getan haben, irgendeinen wunderbaren Charakterzug besitzen. Und dann konzentrieren wir uns auf das, was wir verdient haben, nicht so sehr auf das, was wir vielleicht anderen geben sollten. Diese Denkweise ist eine „Einbahnstraße". Wenn solche Gefühle sich verstärken und unsere Erwartungen nicht erfüllt werden, bleiben wir oft verbittert, ärgerlich und wütend zurück. Durch solches Anspruchsdenken können Beziehungen zerstört werden und werden es oft auch.

So war es bei Stan und Julie, die zu mir in die Beratung kamen, weil ihre Ehe in großen Schwierigkeiten steckte. Sie waren gerade ein Jahr verheiratet und dachten bereits an Scheidung. Beide waren äußerst zornig und verbittert und gaben dem anderen die Schuld daran, wie schlecht ihre Ehe lief. Als ich mit ihnen gemeinsam ihre Gefühle erforschte, wurde mir allmählich klar, welche starken Ansprüche beide an ihre Ehe stellten.

„Julie hört nie auf das, was ich zu sagen habe", beschwerte sich Stan. „Sie möchte, daß man ihr zuhört, aber selbst zuhören will sie nie."

„Das ist nicht wahr", verteidigte sich Julie. „Ich höre sogar gern zu. Es ist Stan, der nie hören will, was ich zu sagen habe."

„Warum *sollte* ich dir auch zuhören?" schnauzte Stan. „Du greifst mich ja doch immer nur an, weil ich deinen Bedürfnissen nicht gerecht werde ... als ob das irgend jemand könnte! Du nimmst und nimmst und nimmst, aber du willst niemals etwas zurückgeben."

„Junge, faß dich erst einmal an die eigene Nase. Du denkst doch ständig nur an das, was du willst und wie du es bekommst", schoß Julie zurück.

Ich hob die Hände.

„Eine Sekunde Auszeit, bitte. Offenbar sind Sie ziemlich zornig aufeinander und scheinen beide das Gefühl zu haben, Ihnen werde etwas vorenthalten, das Ihnen zusteht."

„Nun, ich weiß, daß ich von Julie nicht bekomme, was ich verdiene", bestätigte Stan. „Ich arbeite den ganzen Tag hart, halte unsere beiden Autos instand, mähe den Rasen, bezahle die Rechnungen ... ich tue alles, aber sie dankt mir niemals dafür."

„Er ist viel schlimmer", entgegnete Julie. „Ich arbeite auch den ganzen Tag, aber ich bin trotzdem für alles Waschen und Bügeln und den größten Teil der Kocherei zuständig. Zeigt er mir dafür jemals etwas Dankbarkeit? Nie!"

Sie starrten sich unverwandt an.

„Ich glaube, ich erkenne schon eines der Hauptprobleme in Ihrer Ehe", sagte ich schlichtend. „Sie scheinen beide ziemlich stark daran zu kranken."

„Was meinen Sie?" fragte Julie.

„Ich habe den Eindruck, daß Sie beide glauben, Anspruch auf die Liebe und Rücksichtnahme des anderen zu haben", erklärte ich, „so als schulde der andere Ihnen etwas für das, was Sie tun. Sie *erwarten* eine besondere Behandlung als angemessene Entschädigung. Indirekt sagen Sie zueinander: ‚Weil ich dies für dich getan habe, mußt du jenes für mich tun.'"

„Na und? Was ist daran falsch?" fragte Stan aufgebracht. „Die ganze Welt basiert auf dem Prinzip ‚Ich tue dies für dich, und du tust jenes für mich.' Geben und Nehmen. Eine Hand wäscht die andere. Warum sollte es in der Ehe nicht genauso sein?"

„Stan, in der Ehe kann dieses Prinzip nicht funktionieren", antwortete ich. „Das Gefühl, daß man etwas verdient hat oder der andere einem etwas schuldig ist, führt nur zur Rebellion gegeneinander."

„Dr. Thurman, ich glaube, ich verstehe Sie nicht. Wollen Sie damit sagen, ich verdiene es nicht, daß Julie mir zuhört, wenn ich ihr zuhöre?" antwortete Stan in seiner typischen Verteidigungshaltung.

„Ja, Stan, genau das will ich sagen. Wenn Sie Julie zuhören, verschafft Ihnen das keinen Anspruch darauf, daß auch sie Ihnen zuhört. Es ist nicht Ihr angestammtes Recht, etwas zurückzubekommen, nur weil Sie in Ihrer Ehe etwas gegeben haben."

„Warum sollte dann jemand bei klarem Verstand in seiner Ehe etwas geben wollen?" verlangte Stan zu wissen.

„Aus Liebe", sagte ich knapp. „Und weil es das Richtige ist."

„Was!" rief Stan, dem beinahe die Kinnlade herunterfiel. „Sie machen wohl Witze?"

„Das ist kein Witz", versicherte ich ihm. „Ich schlage vor, daß Sie einander zuhören, helfen und füreinander arbeiten, ohne Gegenforderungen zu stellen, einfach, weil das ein reifes und gesundes Verhalten ist. Sie sehen doch beide, was sonst passiert: Sie rebellieren gegeneinander. Ich glaube, es liegt in der menschlichen Natur zu rebellieren, wenn andere glauben, Ansprüche an uns stellen zu können. Der Mangel an Respekt, der darin zum Ausdruck kommt, gefällt uns einfach nicht. Sie rebellieren gegeneinander, um zu zeigen, daß Sie nicht tun müssen, was der andere erwartet. Diese Reaktion ist kindisch, aber sie ist typisch. Jeder von Ihnen bekommt einen Wutanfall, und am Ende haben Sie beide verloren. Wenn Sie verlangen oder den Anspruch erheben, daß ‚eine Hand die andere wäscht' dann werden Sie weiterhin erleben, wie Ihre Beziehung darunter leidet. Beziehungen funktionieren nur, wenn beide Partner das tun, was liebevoll und richtig ist, ohne dafür eine Gegenleistung zu erwarten."

„Und was ist, wenn der andere sich nicht so verhält?" bohrte Stan weiter. „Würde das die Ehe nicht bald aus dem Gleichgewicht bringen?"

„Ja, das könnte sein, aber wäre das schlimmer als die Situation, in der Sie sich jetzt befinden? Die meisten Ehen, die *nicht* auf Anspruchsdenken beruhen, geraten nicht aus dem Gleichgewicht. Wenn beide tun, was getan werden muß, ohne Anspruch auf eine Gegenleistung zu erheben, dann bleibt das Fundament der Ehe normalerweise ziemlich fest.

Es fördert die emotionale Gesundheit, die Zusammenarbeit und den gegenseitigen Respekt. Ehen, die auf Anspruchsdenken beruhen, sind von Anfang an zum Scheitern verurteilt. Sie funktionieren nie!“ sagte ich unerbittlich, wohl wissend, wie kompromißlos das klang.

„Dann wollen Sie sagen, daß ein Großteil unserer Eheprobleme daher rührt, daß wir vom anderen Aufmerksamkeit, Liebe, Hilfe und so weiter erwarten“, faßte Julie zusammen. „Sie sagen, unsere Ehe ist gestört, weil wir Ansprüche aneinander stellen, die wir in Wirklichkeit gar nicht haben. Und weil wir solche Forderungen erheben, rebellieren wir am Ende gegeneinander.“

„Ich sage, daß dies einer der entscheidenen Faktoren für den gestörten Zustand Ihrer Ehe ist, ja“, antwortete ich.

Den Tatsachen ins Gesicht sehen

Zum ersten Mal wurden Stan und Julie aufgefordert, sich mit dem Anspruchsdenken in ihrer Ehe auseinanderzusetzen. Der Gedanke war ihnen neu und anfangs schwer begreiflich. Für eine Weile blieben sie ihren alten Verhaltensmustern verhaftet und lebten weiter nach dem Prinzip: „Ich habe dies für dich getan, also solltest du jenes für mich tun“; aber mit der Zeit zeigten sich kleine Veränderungen. Schließlich erkannten sie, daß sie tatsächlich keinen Anspruch auf die Liebe, den Respekt, die Loyalität und die Hilfe des anderen hatten, nur weil gerade eine Gegenleistung „fällig“ war. Diese Wahrheit half ihnen, das schätzen zu lernen, was der andere in der Ehe tat, und allmählich stellte sich das Gefühl ein, daß ihre Ehe gerettet und bereichert werden konnte. Sie rebellierten auch nicht mehr so stark gegeneinander. Das Anspruchsdenken hätte ihre Ehe beinahe zerstört; die Abkehr davon half ihnen, sie zu heilen.

Wieviel Anspruchsdenken schleppen Sie in Ihrem Leben mit sich herum? In meinem entdecke ich eine ganze Menge davon, selbst in kleinen Dingen. Wenn ich jemandem die Tür aufhalte, empfinde ich, daß er oder sie mir ein „Dankeschön“ schuldig ist, und wenn ich es nicht bekomme, bin ich enttäuscht oder sogar verärgert. Auch in meiner Ehe ertappe ich mich manchmal bei dem Gedanken: „Holly schuldet mir dies, weil ich jenes für sie getan habe.“

Selbst bei meinen Kindern stolpere ich darüber. Wenn ich ihnen mit großem Aufwand einen besonders schönen Tag mache, ertappe ich mich manchmal bei dem Gedanken: „Okay, ihr Kinder schuldet mir einiges an gutem Betragen und darüber hinaus eure lebenslange Wertschätzung dafür, daß ich ein so netter Papa bin.“ (Leider denken sie währenddessen: „Wir sind so zum Fressen niedlich, daß es ein echtes Privileg für Papa sein muß, einen Tag mit so wunderbaren Kindern zu verbringen. Wir sind verantwortlich für den größten Teil der Lebensfreude des alten Jungen. Er schuldet uns wirklich eine Menge.“)

Es liegt in der menschlichen Natur, Ansprüche zu stellen. Es macht mir keinen Spaß, das zuzugeben. Aber solange wir uns dieses Anspruchsdenken nicht eingestehen, verleugnen wir es, und es setzt sein Zerstörungswerk fort.

Die schmerzliche Wahrheit ist, daß wir auf nichts auf diesem Planeten einen Anspruch haben, auch nicht auf „Leben, Freiheit und das Streben nach Glück“, wie es die Verfasser der amerikanischen Unabhängigkeitserklärung formulierten. Nichts ist unser angestammtes Recht!

Jetzt kommt die gute Nachricht: Die Welt ist uns zwar nichts schuldig, aber es ist vollkommen in Ordnung, nach dem zu streben, was wir wollen (im Rahmen der Vernunft und der emotionalen Gesundheit). Zum Beispiel haben wir keinen Anspruch auf die Liebe unserer Ehepartner oder unserer Eltern, aber es ist in Ordnung, sie uns zu wünschen. Die Welt ist uns keinen hochbezahlten Job schuldig, weil wir vielleicht ein Diplom oder eine besondere Begabung vorweisen können, aber es ist in Ordnung, einen hochbezahlten Job zu wollen und sich darum zu bemühen. Niemand schuldet uns ein Dankeschön für das, was wir tun, aber es ist in Ordnung, sich Dankbarkeit zu wünschen.

Anspruchsdenken ist eine Einbahnstraße der Selbstsucht und erzeugt auf allen Seiten nur Verbitterung und Ärger. Bevor Sie zum nächsten Kapitel weitergehen, nehmen Sie sich eine Minute Zeit, um Ihre eigene Denkweise zu überprüfen. Auf welche Personen oder Dinge richten sich Ihre Ansprüche? Welche emotionale Wirkung hat das auf Sie und auf Ihre Beziehungen?

Sind Sie bereit, Ihre Anspruchshaltung aufzugeben, worauf sie auch gerichtet sein mag? Meine Hoffnung ist, daß dieses Kapitel Ihnen geholfen hat, die Notwendigkeit einer Veränderung in diesem Bereich zu erkennen, und daß Sie sich für diese Veränderung entscheiden werden.

Messen Sie Ihre Anspruchshaltung

Ich habe für Sie einen „Anspruchsfragebogen" entworfen, den Sie ausfüllen können. Tragen Sie vor jeder der fünfzehn Aussagen eine Zahl von eins bis sieben ein, die Ihre persönliche Einstellung zu der Aussage wiedergibt (*eins* steht für die stärkste Ablehnung, *sieben* für die stärkste Übereinstimmung).

Addieren Sie alle Zahlen Ihrer fünfzehn Antworten und teilen Sie die Summe dann durch fünfzehn. Das Ergebnis zeigt Ihnen auf der Skala, wie überzeugt Sie sind, auf gewisse Dinge einen „Anspruch" zu haben.

Wenn Sie eine Zahl zwischen eins und vier erreichen, erwarten Sie eigentlich nicht allzuviel Dankbarkeit, Anerkennung und Zuwendung von anderen Leuten. Daher werden Sie wahrscheinlich auch nicht vom Leben enttäuscht sein, wenn Sie keine solchen Reaktionen bekommen. Erreichen Sie jedoch fünf bis sieben Punkte, so tragen Sie vermutlich eine Menge Zorn in sich, da nicht genügend Leute Ihnen geben, worauf Sie einen Anspruch zu haben glauben. Wenn das der Fall ist, müssen Sie Ihre Erwartungen korrigieren, wie es Stan und Julie taten. Sie müssen sich daran erinnern, daß niemand Ihnen etwas schuldig ist für Ihre Mühe, und daß andere Menschen die völlige Freiheit haben, über Ihre Wünsche hinwegzugehen. Sie müssen sich daran erinnern, daß die Herausforderung darin besteht, etwas für andere Menschen zu tun, weil das gesund, reif oder „richtig“ ist, nicht weil Sie auf diese Weise „Schuldscheine“ sammeln können, um sie zu gegebener Zeit geltend zu machen.

So schmerzlich es auch ist, *Sie haben keinen Anspruch.* Verlieren Sie diese Wahrheit in Ihrem Leben nicht aus den Augen.

ANSPRUCHSFRAGEBOGEN

Bitte bewerten Sie die Aussagen anhand der folgenden Skala:

1	2	3	4	5	6	7
stimmt überhaupt nicht			neutral			stimmt genau

Verwenden Sie nicht zuviel Zeit auf die einzelnen Aussagen. Antworten Sie auch bitte so, wie Sie wirklich empfinden, nicht so, wie Sie empfinden sollten. Versuchen Sie, die neutrale Antwort (4) zu vermeiden.

____ 1. Ich verdiene den Respekt der anderen.
____ 2. Ich verlange in einem Restaurant gute Bedienung.
____ 3. Meine engsten Freunde sind mir Loyalität schuldig.
____ 4. Ich erwarte Fairneß von anderen.
____ 5. Bei meinen Fähigkeiten habe ich einen gutbezahlten Job verdient.
____ 6. Die Leute sollten mich so behandeln, wie ich sie behandle.
____ 7. Wenn ich für jemanden etwas tue, dann erwarte ich insgeheim, daß er auch für mich etwas tut.
____ 8. Ich verdiene ein „Dankeschön", wenn ich jemandem die Tür offenhalte oder im Verkehr jemanden vorbeilasse.
____ 9. Die Leute sollten sich anhören, was ich zu sagen habe.
____ 10. Ich habe oft das Gefühl, daß man mir für das, was ich getan habe, etwas schuldig ist.
____ 11. Andere Leute haben mir gesagt, daß ich zuviel erwarte.
____ 12. Alles in allem habe ich ein gutes Leben verdient.
____ 13. Ich habe Anspruch auf „Leben, Freiheit und das Streben nach Glück".
____ 14. Ich merke, daß ich innerlich zornig werde, wenn andere nicht tun, was sie mir zugesagt haben.
____ 15. Meine Kinder schulden mir Kooperation und Gehorsam für all die Opfer, die ich für sie gebracht habe.

Ohne Schweiß kein Preis

Man kann nicht durchs Leben gehen, ohne zu leiden. Wir können nur entscheiden, wie wir das Leid nutzen, das uns das Leben bringt.
Bernie Siegel

Stellen Sie sich vor, wie Sie reagieren würden, wenn morgen früh in Ihrer Lokalzeitung folgender Artikel stände:

Neue psychochirurgische Technik entwickelt!
Persönliche Reife jetzt mühelos möglich

Unvorstellbare Depeschen International (udi) – Ärzte am Happy-Days-Krankenhaus in Nirwana, New York, haben eine neue Operationsmethode entwickelt, die Menschen binnen Stunden zu geistiger Gesundheit und Reife verhelfen kann. Die Technik besteht darin, mit einem Laser-Skalpell im Gehirn des Patienten sämtliche irrigen Überzeugungen, Erwartungen und Einstellungen zu entfernen. Patienten, die sich dieser Behandlung unterzogen, berichten über ein völliges Ausbleiben von Depressionen, Sorgen, Zorn und Schuldgefühlen nach dem Erwachen aus der Narkose. Außerdem empfänden sie zum ersten Mal in ihrem Leben ein starkes Gefühl der Selbstannahme und der Akzeptanz anderer. Dr. S. C. Harlatan, der die Technik der Psychoperation entwickelte, begrüßt seine Entdeckung als „das, worauf wir alle schon immer gewartet haben – alle Vorzüge geistiger Gesundheit ohne jede Mühe!" Dr. Harlatan hat nach eigenen Angaben bereits Tausende von Anfragen bezüglich der neuen Operation aus aller Welt erhalten. Seiner Meinung nach ist es möglich, binnen zehn Jahren die ganze Welt der Behandlung zu unterziehen und eine neue Ebene des Weltfriedens und der Völkerverständigung zu erreichen.

Klingt ziemlich attraktiv, nicht wahr? Wer würde sich nicht gern einer Operation unterziehen, die ihn von allen verzerrten Denkmustern und dem damit verbundenen emotionalen Elend befreien würde (außer uns Psychologen, die dadurch arbeitslos würden). Das Problem ist nur: Es gibt keine Psychochirurgie und auch sonst nichts, durch das Sie wachsen und reifen könnten, ohne selbst einige Mühe aufzuwenden – oft schmerzliche Mühe.

Der Wunsch nach mühelosen, schmerzfreien Methoden des persönlichen Wachstums und Lernens reicht weit in die Vergangenheit zurück. Eine der frühesten Behandlungsmethoden geistiger Störungen war eine Praxis der Steinzeit, eine Art Trepanation, bei der mittels grober Steininstrumente ein Teil der Schädeldecke der geistig gestörten Person entfernt wurde. Man glaubte vermutlich, daß durch diese Öffnung der böse Geist entweichen könne, der für das emotionale Problem verantwortlich war. Manche Steinzeitmenschen scheinen die Prozedur tatsächlich überlebt zu haben. Wenn diese Methode auch gewiß nicht schmerzlos war, so gehört sie doch in die Kategorie der Versuche, Menschen von außer her zu verändern, statt sie selbst etwas tun zu lassen, um besser zu werden.

Der alte Glaube, daß Geisteskrankheiten die Folge dämonischer Besessenheit seien, führte auch zur Verbreitung des Exorzismus als einer Technik geistiger Wiederherstellung. Die Exorzismen konnten ganz unterschiedlich ablaufen, doch die meisten Prozeduren beinhalteten Gebet, Lärm und die Verabreichung abscheulich schmeckender Gebräue. In extremen Fällen wurde der Körper der besessenen Person zu einem so unangenehmen Aufenthaltsort gemacht, daß der böse Geist ihn freiwillig verlassen würde.

Eine weitere Technik zur Behandlung geistiger Störungen durch Einwirken von außen statt einer Therapie von innen heraus war die sogenannte „zirkulierende Schaukel“. Bei dieser Methode des frühen neunzehnten Jahrhunderts wurde der Patient auf einem Stuhl festgeschnallt, der im Kreis herumgeschwungen werden konnte. Diese Technik sollte angeblich dazu beitragen, die geistig gestörte Person wieder zur Vernunft zu bringen. Ahhh ... wenn es doch nur so einfach wäre!

Auch in unserer Zeit suchen viele noch nach leichten und schmerzlosen Methoden, um emotionale Gesundheit zu erreichen. Psychopharmaka werden manchmal als eine solche Methode angesehen. Nicht selten kommen Patienten zu mir, die nur ein paar Pillen gegen ihre Depressionen oder Angstzustände verschrieben haben wollen, statt an den tieferen Ursachen zu arbeiten. Als ich sie informierte, daß ich ein Psychologe bin, kein Psychiater, der Medikamente verschreiben kann, kamen manche nicht wieder. Sie waren überzeugt davon, daß eine Pille sie gesund machen könne, und machten sich auf die Suche nach einem Fachmann, der ihnen Medikamente gegen ihre Beschwerden verschreiben konnte.

Bitte verstehen Sie das nicht als pauschale Kritik am Einsatz von Medikamenten, um gestörten Menschen zu helfen. Psychopharmaka spielen eine wichtige Rolle im Kampf gegen Geisteskrankheiten und werden sie auch weiterhin spielen. Es ist nur so, daß zu viele Menschen durch eine Pille (oder andere Mittel) die schmerzhafte, mühsame Arbeit zu umgehen versuchen, die für ihre geistige Gesundheit unabdingbar ist. Diese Wunschvorstellung ist manchmal schwer auszurotten.

Keine Sofortlösungen

Auch Dan war jemand, der sich wirklich eine Sofortlösung für all seine emotionalen Probleme wünschte. Er kam zu mir wegen beruflicher Schwierigkeiten und der Depressionen, die er deswegen empfand. Um seine Ehe war es ebenfalls ganz schlecht bestellt, und seine Frau stand kurz davor, ihn zu verlassen.

Die meiste Zeit seines Lebens war Dan seinen Problemen ausgewichen und hatte gehofft, sie würden einfach von selbst verschwinden. Nun jedoch, nach vielen Jahren, ließen sich die Folgen dieser Ausweichmanöver allmählich nicht mehr leugnen. Eine unserer Sitzungen begann so:

„Setzen Sie sich, Dan. Worüber möchten Sie heute gern sprechen?"

Dan zuckte die Achseln.

„Ach, ich weiß nicht", antwortete er, als ob es ihm egal wäre.

„Warum fangen Sie nicht mit der Sache an, die Ihnen am meisten zu schaffen macht", schlug ich vor.

„Na ja, ich bin wohl einfach irgendwie deprimiert über alles", sagte er so teilnahmslos, wie er konnte.

„Während unserer letzten Sitzung haben wir über ein paar Dinge gesprochen, die Sie tun könnten, um an Ihrer Depression zu arbeiten", erinnerte ich ihn. „Konnten Sie diese Dinge umsetzen?"

„Nein, konnte ich nicht", antwortete er ohne großes Bedauern.

Ich ließ nicht locker. „Irgendeine Idee, woran es gelegen haben könnte?"

„Ich bin einfach nicht dazu gekommen", antwortete er, als wollte er sagen, es sei doch sowieso nicht so wichtig.

„Dan, mir scheint, daß Ihr mangelndes Interesse an den Hausaufgaben, die wir abgesprochen haben, ein kleines Beispiel für das große Thema Ihres Lebens ist."

„Wie meinen Sie das?" fragte er leicht beleidigt.

„Sie sind hierher gekommen, um sich beraten zu lassen, und ich habe versprochen, daß ich versuchen werde, Ihnen zu helfen. Aber wenn Sie Ihre Hausaufgaben zwischen den Sitzungen nicht machen, können Sie unmöglich eine Besserung erreichen. Am Arbeitsplatz geraten Sie immer mehr in Rückstand, aber Sie tun nichts, um den Anschluß wieder zu gewinnen. Ihre Frau liegt Ihnen ständig mit Dingen in den Ohren, um die Sie sich kümmern sollen, aber Sie stellen sich taub. Meine Vermutung ist, daß Sie unter all dieser Passivität ziemlich zornig sind. Vielleicht ist das Ihre Art, den Leuten zu sagen, daß sie Sie in Ruhe lassen sollen."

„Vielleicht haben Sie recht“, sagte er, um mich zu beschwichtigen.

„Sehen Sie! Da war es wieder“, beharrte ich.

„W-was?“

„Ich habe Sie gebeten zu überlegen, ob Ihre Passivität in Wirklichkeit eine Verschleierung Ihres Zorns ist, und Sie drücken sich passiv um die Frage herum, indem Sie sagen: ‚Vielleicht haben Sie recht.‘“

„Was soll ich denn Ihrer Meinung nach tun?“ fragte Dan. Ich hörte einen Anflug von Zorn heraus, was bedeutete, daß wir der Sache allmählich näher kamen.

„Ich möchte, daß Sie in der Sprechstunde mehr Antworten parat haben als ‚Vielleicht‘ oder ‚Ich weiß nicht‘“, antwortete ich. „Ich möchte, daß Sie sich selbst um eine Besserung bemühen, statt nur dazusitzen und mich anzugucken, als wollten Sie sagen: ‚Psychologe, heilen Sie mich.‘“

„Ich ... ich tue mein Bestes“, verteidigte er sich.

„Nein, das tun Sie nicht. Das wissen Sie genauso gut wie ich. Sie geben sich in keinem Bereich Ihres Lebens wirklich Mühe, und das ist der Grund, warum Sie im Beruf, in Ihrer Ehe und selbst in der Therapie versagen“, sagte ich in festem Ton, obwohl ich fürchtete, ihn zu hart anzugehen.

„Sie verstehen das nicht. Es ist nicht so leicht, wie Sie sich das vorstellen!“ verteidigte er sich weiter.

„Ich behaupte ja gar nicht, daß es leicht sei, eine Besserung zu erreichen. Aber Sie stecken überhaupt keine Mühe hinein“, sagte ich ihm ganz offen.

„Ich weiß. Ich mache das immer so, und ich hasse mich selbst deswegen“, antwortete er mit der „Trittmich“-Strategie, die er auch bei seiner Frau und seinem Chef oft einsetzte.

„Das klingt, als ob Sie bemitleidet werden wollen, weil Sie sich selbst dafür kasteien, daß Sie Ihren Problemen ausweichen.“

„Ich fühle mich wie ein Verlierer, der es nie zu etwas bringen wird“, appellierte er wieder an mein Mitleid.

„Dan, Sie sind kein Verlierer, Sie sind nur dabei, zu verlieren. Indem Sie sich immer vor der schmerzhaften Auseinandersetzung mit Ihren Problemen zu drücken versuchten, haben Sie sie noch verschlimmert. Das ist kein Anlaß, Sie zu bemitleiden. Es ist ein Anlaß, nach den Gründen zu suchen und Ihrerseits hart zu arbeiten, um die Sache durchzukämpfen“, erklärte ich.

„Das klingt, als ob Sie mich verabscheuen“, sagte er.

„Ich verabscheue Sie ganz und gar nicht. Allerdings bin ich wirklich frustriert über die Art, wie Sie Gutes vom Leben erwarten, ohne dafür auch nur die geringste Mühe aufzuwenden. Sie sind mir wichtig genug, daß ich Sie an diesem Punkt herausfordere. Ich möchte, daß es Ihnen besser geht, aber dazu müssen Sie mehr Verantwortung dafür übernehmen, sich Ihren Problemen zu stellen, auch wenn es weh tut“, antwortete ich.

„Ich verstehe, was Sie meinen“, sagte Dan. „Das haben mir meine Frau, mein Chef und meine Eltern auch schon gesagt – eigentlich alle.“

„Ich weiß, daß Sie das schon öfter gehört haben. Aber deswegen ist es nicht weniger wahr“, betonte ich in der Hoffnung, daß er diese lebenswichtige Botschaft aufnehmen und endlich etwas damit anfangen würde.

„Ich werde über das nachdenken, was Sie gesagt haben“, sagte er, als täte er mir damit einen Gefallen.

„Ich hoffe, Sie werden mehr tun, als darüber nachzudenken. Ich fordere Sie auf, auch danach zu handeln, und das ist ein gewaltiger Unterschied“, antwortete ich.

„Sie drängen mich zu Schritten, die ich eigentlich nicht tun will. Aber ich weiß, daß ich endlich in Bewegung kommen muß.“

„Ich werde tun, was ich kann, um Ihnen zu helfen, Dan, aber die eigentliche Anstrengung muß tatsächlich von Ihnen kommen.“

Es erfordert Schweiß und Tränen

Dan unterscheidet sich eigentlich gar nicht so sehr von uns anderen. Er möchte die Vorzüge eines gesunden Lebens genießen, ohne hart dafür zu arbeiten und alles Nötige zu tun. Ich kann mich damit identifizieren, und Sie bestimmt auch, zumindest bis zu einem gewissen Grad. Daß es Mühe und harte Arbeit erfordert, Reife und Besserung zu erlangen, ist eine dieser altbekannten Wahrheiten, von denen ich glaube, daß wir zu ihnen zurückkehren müssen. Wir alle verspüren den Wunsch, Schmerz zu vermeiden und Freude zu suchen, aber das kann der emotionalen Gesundheit entgegenstehen.

Ich erinnere mich an eine Fernsehwerbung, in der sich ein paar Schüler darüber unterhielten, daß einem ihrer Freunde alles in den Schoß zu fallen schien. Während sie diese Aussagen machten, blendete die Kamera diesen Freund ein, wie er bis spät in die Nacht lernte, in der Turnhalle Klimmzüge machte und spätabends eine Pizzeria abschloß. Mir gefiel diese Werbung, weil ich glaube, daß ihre Botschaft ehrlich war. Oft mußten die Leute, die es leicht zu haben scheinen, hart für das arbeiten, was sie erreicht haben.

Wenn wir es leicht haben wollen, müssen wir hart arbeiten. Wenn eine Prüfung uns leicht fallen soll, dann müssen wir uns intensiv darauf vorbereiten. Wenn wir zwei Stunden lang mühelos Tennis spielen wollen, müssen wir hart trainieren. Wenn das Eheleben uns leicht fallen soll, dann müssen wir gewissenhaft daran arbeiten, unsere Ehe zu stärken. Wenn wir uns ein angenehmes Leben wünschen, dann müssen wir alles dafür tun, auch wenn es schmerzt. Wer gewinnen will, muß leiden. Lassen Sie sich von niemandem etwas anderes erzählen. Wer Ihnen etwas anderes erzählt, lügt Ihnen nur etwas vor. In gewissem Sinn versucht eine solche Person, Ihnen „Psychochirurgie“ zu verkaufen.

Gedankliches Verhaltenstraining

Psychochirurgische Techniken gibt es leider nicht. Das heißt jedoch keineswegs, daß Sie nicht ein paar Übungen machen könnten, um Ihre Sichtweise der Dinge zu verbessern. Eine Prozedur, die ich meinen Patienten oft empfehle, könnte man mentales Training nennen.

Bei dieser Übung machen Sie sich gedanklich eine Vorstellung davon, wie Ihr Leben aussähe, wenn Sie die Wahrheit praktizieren würden.

Nehmen wir an, Sie haben Schwierigkeiten mit der Wahrheit „Sie haben keinen Anspruch". Stellen Sie sich nun vor, Sie machen sich die Mühe, jemandem die Tür offenzuhalten, und dieser Jemand bedankt sich nicht. Stellen Sie sich vor, daß Sie nicht zornig werden, sondern ruhig bleiben können, weil Ihnen bewußt ist, daß Sie keinen Anspruch auf Dank haben und die Tür einfach deswegen offenhielten, weil das nun einmal eine freundliche Verhaltensweise war.

Oder stellen Sie sich vor, Sie helfen einem Freund beim Umzug und bekommen den ganzen Tag über keine Erfrischungen angeboten, oder Ihr Freund hält nicht einmal sein Versprechen, Sie abends nach getaner Arbeit zum Essen einzuladen. Anstatt nun auf diese Person sauer zu sein, stellen Sie sich vor, daß Sie ein gutes Gefühl dabei empfinden, beim Umzug geholfen zu haben, und sich bewußt sind, daß Ihr Freund Ihnen keine Höflichkeit schuldet. Stellen Sie sich vor, Sie verlassen das Haus mit dem zufriedenen Gefühl, daß Ihr hilfreicher Dienst allein schon ein Lohn ist, um dessen Freude Sie niemand bringen kann.

Nehmen wir an, Sie haben Schwierigkeiten mit der Wahrheit „Irren ist menschlich". Stellen Sie sich vor, Sie stoßen einen Stapel Konservendosen im Supermarkt um und können darüber schmunzeln, während Sie sie wieder aufschichten. Oder nehmen wir einen ernsteren Fall: Sie sitzen am Steuer und fahren auf Ihren Vordermann auf, der plötzlich abbremsen mußte. Niemand ist verletzt, aber die beiden Stoßstangen sehen ziemlich verbeult aus. Stellen Sie sich vor, wie Sie aus Ihrem Wagen aussteigen, um den Schaden zu begutachten, und sich dabei nicht innerlich selbst beschimpfen, sondern sich vielleicht sagen: „Junge, da habe ich ja was Schönes angerichtet." Führen Sie sich vor Augen, wie Sie um Entschuldigung bitten, die Versicherungsdaten und Telefonnummern austauschen und mit einem angemessenen Maß an Frustration weiterfahren. Machen Sie sich gedanklich bewußt, daß Sie einen Fehler gemacht haben, der Sie einiges kosten wird, daß ein Auffahrunfall jedoch keine Katastrophe darstellt und kein Anlaß ist, sich selbst herabzusetzen oder Depressionen zu bekommen.

Vielleicht haben Sie auch Schwierigkeiten, sich der Wahrheit zu stellen, daß Sie sterben werden. Rein vom Verstand her wissen Sie es zwar, aber Ihr Tod scheint so weit in der Zukunft zu liegen, daß er keine Realität für Sie ist. Stellen Sie sich vor, Sie gehen mit Ihrer Familie oder mit Freunden essen, und plötzlich spüren Sie einen stechenden Schmerz in der Brust. Sie stürzen zu Boden und können nicht mehr atmen. Die Leute versuchen Ihnen zu helfen, aber es nützt nichts. Man ruft einen Krankenwagen, doch auf dem Weg zum Krankenhaus sterben Sie an einem Herzinfarkt. Stellen Sie sich vor, die Trauernden defilieren an Ihrem Sarg im Bestattungsinstitut vorbei, um Ihnen die letzte Ehre zu erweisen. Stellen Sie sich vor, wie jemand Ihr Büro ausräumt, so daß ein anderer dort einziehen kann. Stellen Sie sich vor, wie Ihre Kinder (falls Sie welche haben) sich über Sie unterhalten, wie sie Erinnerungen austauschen und erwähnen, was sie nun vermissen, und wie sie Dinge nennen, die sie so gern mit Ihnen gemacht hätten und nun nicht mehr tun können. Machen Sie sich die Dinge bewußt, die Sie gerne mit Ihrem Leben angefangen hätten, zu denen Sie aber nie gekommen sind.

Nehmen wir schließlich an, daß es Ihnen wirklich schwer fällt zu akzeptieren, daß Sie es nicht jedem recht machen können. Ihr ganzes Leben lang haben Sie das versucht und geraten immer aus der Fassung, wenn andere Sie nicht mögen oder irgendwie mit Ihnen unzufrieden sind. Stellen Sie sich vor, Sie sagen einem engen Freund, daß Sie gerne das Geld wiederhätten, das Sie ihm vor Monaten geliehen haben. Stellen Sie sich vor, Sie äußern am Arbeitsplatz im Gespräch mit Kollegen eine völlig abweichende Meinung. Stellen Sie sich vor, wie Sie einem Freund absagen, weil Sie das Wochenende bereits mit anderen verplant hatten.

Dies sind nur einige Möglichkeiten, wie Sie bestimmte Situationen gedanklich durchspielen können, um sich in der Wahrheit zu üben. Achten Sie jedoch darauf, daß diese Vorstellungen wirklich auf der Realität basieren und Ihren Sinn für Wahrheit vertiefen. Stellen Sie sich zum Beispiel nicht vor, wie Sie einen schweren Fehler machen und nur darüber lachen oder wie Sie jemanden im Kaufhaus anschreien, um sich durchzusetzen, und hinterher auch noch ein gutes Gefühl haben, weil der andere nachgegeben hat. Spielen Sie nur solche Situationen gedanklich durch, in denen Sie sich die Wahrheit sagen und dementsprechend handeln. Geben Sie sich Zeit, diese neuen positiven Verhaltensmuster einzuüben. Je mehr Sie über die Wahrheit nachdenken, desto gesünder werden Sie.

Die Vergangenheit ist noch nicht vorbei

Die Erfahrung hat uns gelehrt, daß nur eine Waffe in unserem Kampf gegen psychische Krankheiten Bestand hat: die emotionale Entdeckung und emotionale Annahme der Wahrheit der individuellen und einzigartigen Geschichte unserer Kindheit. Alice Miller

Viele Leute betrachten die Vergangenheit als etwas, das ein für allemal vorbei ist, und das man hinter sich lassen muß. Aber ganz so einfach ist das nicht. So sehr es auch als selbstgefällige Zeitverschwendung erscheinen mag, ist es doch oft notwendig, unsere einzigartige persönliche Geschichte unter die Lupe zu nehmen und zu verarbeiten, bevor uns ein erfülltes Leben im Hier und Jetzt möglich ist.

Ich möchte in aller Kürze skizzieren, was die meisten Selbsthilfe-Bücher über die Wichtigkeit unserer frühen Kindheitserfahrungen sagen. Sie gehen davon aus, daß wir mit einem Bedürfnis nach Liebe, Aufmerksamkeit und Bestätigung beginnen, das für ein Kind normal ist und für eine gewisse Zeit in uns den Wunsch erzeugt, im Mittelpunkt des Universums zu stehen. Wenn dieses Bedürfnis befriedigt wird, so lautet die Theorie, dann können wir im Erwachsenenalter darauf verzichten, im Mittelpunkt der Aufmerksamkeit zu stehen; wir entwickeln uns zu gesunden, funktionsfähigen Erwachsenen, die sowohl geben als auch nehmen können. Wird dieses Bedürfnis jedoch nicht ausreichend befriedigt, so wirkt es sich bis ins Erwachsenenalter aus und bringt viele Verletzungen sowie Zorn und Schamgefühle mit sich.

Außerdem besagt diese Theorie, daß viele von uns bis zu

einem gewissen Grad unzureichende Fürsorge von unseren Eltern empfingen und daher während der Kindheit mehr oder weniger stark emotional geschädigt wurden. Der Schaden kann dadurch entstanden sein, daß unsere Eltern gleichgültig waren, uns zu sehr kontrollierten oder versuchten, ihr eigenes Bedürfnis nach Aufmerksamkeit und Erfolg durch uns auszuleben. In extremen Fällen waren es Eltern, die uns sexuell, verbal, körperlich und/oder emotional mißhandelten.

Die Unterdrückung des Ich

Eine destruktive Erziehung hinterläßt bei einem Kind das Gefühl, nicht akzeptiert zu sein; es glaubt, daß mit seinen Gefühlen und seiner Persönlichkeit etwas nicht stimmt und entwickelt ein „falsches Ich“ als Schutzmaßnahme. Das Kind wird zum Streber oder zum Klassenclown, es versucht allen gerecht zu werden oder setzt irgendeine andere Maske auf, hinter der es sein wahres Ich verbirgt. Wenn es keine Hilfe bekommt, bleibt die wahre Persönlichkeit auch beim Erwachsenen hinter der Maske verborgen. Solche „maskierten“ Leute können in den Augen der Welt höchst erfolgreich sein und dennoch im Innern unsägliche Einsamkeit, Niedergeschlagenheit, Leere, Schuld, Scham und Angst verspüren.

Robert Young war über sechzig Jahre lang einer der beliebtesten Hauptdarsteller von Hollywood. In den vierziger Jahren spielte er die Rolle des Vaters in den „Mr. Belvedere“-Filmen mit Clifton Webb. In den Fünfzigern erhielt er die Hauptrolle der erfolgreichen Fernsehserie „Father Knows Best“, wieder als der immer zum Spaßen aufgelegte und zuverlässige Vater. Während der sechziger Jahre spielte er den beliebten Hausarzt „Dr. med. Marcus Welby“.

Robert Young hätte jeder für einen selbstsicheren und vernünftigen Mann gehalten, der mit sich im Reinen war. Doch am 26. Januar 1991 ging er im Alter von dreiundachtzig Jahren in seine Garage und versuchte, sich mit den Abgasen seines Wagens umzubringen. Er wurde zufällig entdeckt und in ein Krankenhaus gebracht. Erst nachdem er sich bereit erklärt hatte, zu einem Psychiater zu gehen, entließ man ihn aus dem Krankenhaus. Reportern erklärte er, daß er sein Leben lang Alkoholiker gewesen war und mit manischer Depressivität zu kämpfen hatte. Obwohl er im Film normal und glücklich wirkte, war er im wirklichen Leben völlig verzweifelt.

Robert Young versteckte sich hinter der Maske seiner Filmfiguren. Er ist nur einer von vielen Menschen, die nach außen ein selbstsicheres Ich vortäuschen, während sie innerlich emotional zugrunde gehen.

Bücher über das „Kind im Innern" sagen uns auch, daß ein Erwachsener, dessen wahres Ich in der Kindheit geschädigt wurde, unbewußt immer nach einem „Elternersatz" suchen wird, der ihn ernst nimmt und wieder gesund werden läßt. Er wünscht sich eine Vaterfigur als Chef oder erwartet von seinem Ehepartner, auf all seine Bedürfnisse einzugehen.

Diese Ansichten über die frühe Kindheit implizieren, daß jeder Mensch sich mit seinen Kindheitserfahrungen auseinandersetzen und ihre Ursachen verstehen muß. Wenn ein Mensch sich der Wahrheit seiner Kindheitsgeschichte stellt, wie schmerzlich sie auch gewesen sein mag, dann kann die innere Schädigung geheilt und echte Reife erreicht werden.

Wenn sich eine Frau zum Beispiel ehrlich der Tatsache stellen kann, daß ihre Eltern sie nicht richtig liebten, weil sie aufgrund ihrer eigenen emotionalen Schädigung nicht dazu fähig waren, kann sie endlich anfangen, ihre Scham- und Zorngefühle zu verarbeiten, weil sie allmählich versteht, daß der Grund für den Mangel an Liebe nicht bei ihr selbst lag. Sie kann aufhören, sich selbst die Schuld an etwas zu geben, worauf sie keinen Einfluß hatte. Sie kann ihren Eltern sogar vergeben, statt an der tiefen Verbitterung und dem Groll festzuhalten, die auch ihr gegenwärtiges Leben weiter schädigen. Wie Dale Carnegie es einmal ausdrückte: „Unser Haß tut den anderen nicht weh, aber er verwandelt unsere Tage und Nächte in Höllenqualen."

Soweit ich sehe, sind viele von uns „erwachsene Kinder", die Verletzungen, Enttäuschungen und Groll aus der Vergangenheit mit sich herumschleppen. Symptome wie Depressionen, Eßstörungen, Drogen- und Alkoholprobleme, Wutanfälle, Angst- und Streßzustände, Rastlosigkeit, ja sogar gescheiterte Ehen sind oft Hinweise darauf, daß die Vergangenheit noch in uns lebendig ist. Solange wir uns nicht mit der Wahrheit über unsere Vergangenheit auseinandersetzen, laufen wir Gefahr, erwachsene Kinder zu bleiben, die sich hinter ihren Masken verstecken.

Wiedersehen mit der Kindheit

Vielleicht fühlen Sie sich selbst emotional unreif oder haben mit Menschen zu tun, die Ihnen viel unreifer vorkommen, als man es bei ihrem Alter eigentlich erwarten sollte. Ich möchte Ihnen von einer Patientin erzählen, der es so erging, um Ihnen zu zeigen, wie wichtig es für sie war, sich ihrer Vergangenheit zu stellen, um völlig erwachsen zu werden und ihr Leben wirklich zu genießen.

Carol war eine jung verheiratete Frau, die feststellte, daß Sie kein normales Sexualleben genießen konnte. Sie wollte herausfinden, woran das lag, und kam in meine Sprechstunde.

„Ich habe vor sechs Monaten geheiratet", begann sie. „Mike ist ein großartiger Mann. Ich empfinde es wirklich als großes Glück, ihn gefunden zu haben. Ich weiß, daß er mich liebt, und ich liebe ihn auch sehr. Aber trotzdem haben wir dieses Problem."

„Was für ein Problem?" fragte ich.

„Sex", antwortete sie und ließ es dabei bewenden.

„Könnten Sie ein bißchen konkreter werden?"

Carol wich meinem Blick aus und starrte auf ihre Hände.

„Nun ja, es ist mir etwas peinlich, darüber zu reden", sagte sie. „Es ist einfach so, daß ich keine Lust habe, mit meinem Mann zu schlafen. Schon der Gedanke an Sex ist mir unangenehm. Mike ist darüber frustriert, weil er Spaß am Sex hat und es öfter möchte als ich."

„Und diese unterschiedliche Einstellung zur Sexualität erzeugt Spannungen in Ihrer Ehe, ist das richtig?" fragte ich.

Sie nickte, ohne aufzublicken.

„Ja. Mike sagte, ich solle einmal in eine Lebensberatung gehen, um herauszufinden, warum ich so eine Abneigung gegen Sex habe", erklärte sie.

„Können Sie sich denn irgendeinen Grund vorstellen, warum der sexuelle Kontakt mit Mike Ihnen soviel Unbehagen bereitet?"

„Eigentlich nicht, nein."

„Manchmal hängen unsere Schwierigkeiten mit Ereignissen aus unserer Vergangenheit zusammen", sagte ich ihr. „Glauben Sie, daß es einen Zusammenhang zwischen Ihrer Angst vor Sex und Ihrer Erziehung geben könnte?"

„Ich glaube nicht", antwortete sie, klang aber nicht sehr überzeugend. „Mit meiner Erziehung war alles in Ordnung."

Ich stellte ihr noch eine Reihe weiterer Fragen und fand heraus, daß Carols Hausarzt gesagt hatte, sie sei bei guter Gesundheit. Mike mißhandelte sie niemals, und sie war offenbar auch in anderen Lebensbereichen keinem außergewöhnlichen Druck ausgesetzt. Dennoch konnte sie ihre Abneigung gegen Sex nicht überwinden.

Carol und ich verbrachten die nächsten sechs Sprechstunden damit, ihrer Angst vor Sex auf die Spur zu kommen, bis es während einer Sitzung zu einem Durchbruch kam.

„Ich bin diese Woche extrem nervös gewesen", sagte Carol beinahe atemlos.

„Bitte erzählen Sie weiter", ermutigte ich sie.

„Letztes Wochenende hatte ich einen Traum, der mich sehr beunruhigt hat."

„Was geschah in diesem Traum?"

„Ich spielte mit einem älteren Mann in meinem Zimmer, als ich noch sehr klein war, vielleicht neun oder zehn. Er schlug vor, ‚Doktor' zu spielen. Ich wollte nicht, aber er hörte nicht auf zu drängen", sagte sie.

„Was passierte dann?"

„Der Traum endete, und ich war plötzlich hellwach", antwortete sie. „Aber das Merkwürdige war dieses Gefühl, als sei es gut gewesen, daß ich aufgewacht war, weil dadurch etwas Schlimmes verhindert worden war. In dem Augenblick erschien mir das lächerlich, aber dieses Gefühl hat mich noch mehrere Tage begleitet."

„Was für einen Reim machen Sie sich auf diesen Traum?"

„Ich möchte mir gar keinen Reim darauf machen", sagte sie kurz angebunden.

„Aber Sie klingen beunruhigt. Dieser Traum hat Ihnen Angst eingejagt, stimmt's? Sie haben immer noch Angst."

„Ja, das stimmt. Um ehrlich zu sein, ich möchte jetzt eigentlich nicht mehr darüber reden, wenn es Ihnen recht ist. Können wir über etwas anderes sprechen?"

„Carol, ich habe den Eindruck, daß Ihr Traum Ihnen etwas Wichtiges über Ihre Vergangenheit mitzuteilen versuchte. Ich weiß, daß Sie Angst haben, Ihren Blick darauf zu richten, aber ich glaube, es gibt einen wichtigen Zusammenhang zwischen dem Traum und Ihrer Angst vor Sex mit Ihrem Mann", sagte ich.

„Vielleicht", zögerte sie, sichtlich bemüht, das Thema zu beenden, „aber ich möchte wirklich nicht weiter darüber reden, bitte. Jedenfalls nicht jetzt."

Ich setzte Carol nicht unter Druck, sich einer Sache zu stellen, für die sie noch nicht bereit war. Während unserer nächsten vier Sitzungen erzählte sie mir von ihren Hoffnungen für die Zukunft. Sie sprach auch von ihren Freunden am Arbeitsplatz, den Leuten in ihrem Apartmentkomplex und den Mahlzeiten, die sie für Mike zu kochen lernte. Alles lief ziemlich routinemäßig, bis sie eines Tages mit bleichem, angespanntem Gesicht in die Klinik kam.

Als ich sie im Wartezimmer begrüßte, sah ich schon, daß Carol außer Fassung war. Sie ging mir ins Sprechzimmer voraus, und ich mußte mich beeilen, um mit ihr Schritt zu halten.

„Carol, Sie scheinen ziemlich aus der Fassung zu sein. Was ist los?" fragte ich.

„Ich hatte noch einen Traum“, sagte sie. „Diesmal war es noch schlimmer.“

„Worum ging es in dem Traum?“

„Es war wieder diese Szene mit dem älteren Mann und mir. Wir waren wieder in meinem Zimmer, und er wollte Doktor spielen. Er ließ sich nicht abweisen und zwang mich, gewisse Dinge zu tun. Er wollte nicht aufhören. Ich schrie, aber niemand kam, um mir zu helfen.“

All dies erzählte sie mit flacher, monotoner Stimme.

„Wie fühlten Sie sich in diesem Traum?“ fragte ich.

„Verängstigt. Hilflos, weil ich ihn nicht aufhalten konnte. Er war soviel größer als ich. Ich hatte Angst, er würde wütend auf mich sein, falls irgend jemand davon erfuhr. Und ich hatte Angst, er würde es noch einmal tun wollen“, fuhr sie fort, immer noch scheinbar ohne jede Emotion.

„Carol, ich weiß, daß dieser Traum Ihnen Angst macht. Was immer in dem Traum mit Ihnen geschehen ist, war schrecklich. Glauben Sie, daß Ihnen das vielleicht *wirklich* geschehen ist, als Sie klein waren?“ fragte ich, wohl wissend, was für eine gewagte Frage das war.

„Ich bringe es einfach nicht fertig, das zu glauben! Wie könnte mir jemand so etwas antun. In dem Traum zieht er mich aus und berührt mich an allen intimen Stellen. Und dann ... dann schläft er sogar mit mir“, bekannte sie und begann zu weinen.

„Ich weiß, daß dieser Gedanke beängstigend ist“, sagte ich. „So beängstigend, daß Sie ihn verdrängt haben. Als Mike mit Ihnen schlafen wollte, scheint das schmerzliche Erinnerungen aus Ihrer Kindheit wachgerufen zu haben, deren Sie sich gar nicht mehr bewußt waren.“

„Aber ich liebe Mike. Wirklich“, sagte Carol.

„Das glaube ich Ihnen“, versicherte ich ihr. „Aber dieses Ereignis aus Ihrer Kindheit hemmt Ihr Verlangen, die sexuelle Partnerin Ihres Mannes zu sein. Wir müssen über das reden, was damals mit Ihnen geschehen ist.“

„Aber wie ... wie hätte jemand so etwas ...?“

„Das gehört zu den Dingen, über die wir reden müssen“,

sagte ich. „Es wird nicht leicht sein, sich diesem schmerzhaften Ereignis zu stellen und es aufzuarbeiten, aber Sie sind es sich selbst und Mike schuldig."

Carol zog ein Taschentuch aus ihrer Tasche und tupfte sich die Augen ab.

„Ich weiß, daß es notwendig ist", sagte sie. „Aber ich fürchte mich vor dem, was ich herausfinden könnte. Ich habe Angst, es könnte zu weh tun. Ich habe Angst, daß ich nicht damit fertig werde."

„Ihre Ängste sind verständlich. Aber ich glaube, Sie können es schaffen, und es wird Sie einen großen Schritt weiterbringen", ermutigte ich sie.

„Okay, ich werde es versuchen", nickte sie, „aber wahrscheinlich werde ich manchmal immer noch abwehren."

„Das ist in Ordnung", sagte ich. „Ich werde tun, was ich kann, um Ihnen zu helfen."

Der Alptraum der Kindheit

Carols Träume versuchten ihr tatsächlich etwas so Furchtbares mitzuteilen, daß sie sich unbewußt dagegen wehrte, es zu sehen. In weiteren Gesprächen über ihre Kindheit fanden wir heraus, daß sie mehrmals Opfer von Inzest durch ihren Vater wurde. Wir konnten aus einzelnen Mosaiksteinen rekonstruieren, was mit ihr geschehen war und wie das ihr Selbstbild, ihre Empfindungen über Sex und das Mißtrauen, das sie als Kind gegen andere Menschen hegte, geprägt hatte.

Wir erkannten, daß Carol schon früh in ihrem Leben gelernt hatte, Sex als etwas Beängstigendes zu empfinden, das man scheuen mußte, statt es zu genießen. Sie hatte auch gelernt, Männern niemals zu trauen und sie als Leute zu sehen, die andere ausnutzen. Außerdem lasteten enorme Schuldgefühle auf ihr, weil sie das Gefühl hatte, sie hätte den Inzest verhindern sollen. Hinzu kamen äußerst starke Zorngefühle gegen ihre Mutter, weil sie nicht gemerkt hatte, was los war, und gegen ihren Vater, weil er ihr das angetan hatte. Sie hatte nie jemandem davon erzählt, weil sie alles so tief in ihrer Erinnerung vergraben hatte, daß sie es selbst nicht mehr wiederfinden konnte, bis sie schließlich heiratete.

Wie sich herausstellte, brachte Carols Ehe mit Mike den Inzest an die Oberfläche. Ohne daß er es wußte, rief Mikes Verlangen nach Sex bei Carol die Erinnerungen an ihre schreckliche Vergangenheit wach und erneuerte ihre Angst- und Schuldgefühle in bezug auf Sex. Als die Wahrheit über dieses Problem ans Licht kam, konnten beide mit ihren sexuellen Schwierigkeiten besser fertig werden, statt sich darüber zu streiten. Mike konnte sehen, daß die Ursache für Carols Abneigung nicht in irgend etwas lag, was er falsch machte. Carol konnte ihre eigenen Schwierigkeiten mit der Sexualität besser verstehen und die Ereignisse ihrer Kindheit in der Therapie mit mir aufarbeiten. Sie schloß sich einer Selbsthilfegruppe für Inzest-Opfer an und ging mit Mike gemeinsam in eine Therapiegruppe für Paare.

Ich bin froh, sagen zu können, daß Carol bei der Verarbeitung ihrer schmerzlichen Vergangenheit große Fortschritte gemacht hat. Ihre harte Arbeit hat ihr zu mehr Selbstannahme verholfen und ihr Gefühle bewußt gemacht, die sie bisher immer verdrängt hatte. Sie hat heute mehr Energie als zuvor und kann das Leben besser genießen. Auch Ihre sexuelle Beziehung zu Mike hat sich gebessert.

Carols Geschichte ist kein Einzelfall. Viele Menschen leiden unter den Narben ihrer Vergangenheit. Bei den einen ist sexueller Mißbrauch die Wurzel der Schwierigkeiten, bei den anderen lag die Mißhandlung auf der emotionalen *und* körperlichen Ebene. Manche Narben der Vergangenheit sitzen tief, andere weniger, doch sie alle müssen geheilt werden.

Wie ist es mit *Ihrer* Kindheit? Liegt sie wirklich hinter Ihnen? Ich bezweifle es. Die Wahrscheinlichkeit ist hoch, daß auch bei Ihnen Verletzungen aus der Vergangenheit noch nicht verheilt sind und Ihre Lebensfreude schmälern. Ich leugne nicht, daß manche Leute ihre Vergangenheit als Ausrede benutzen. Solcher Mißbrauch muß natürlich vermieden werden. Aber die Auswirkungen einer negativen Vergangenheit auf unsere Gegenwart sind real und verlangen unsere Aufmerksamkeit.

Ich stimme Pearl Buck zu, wenn sie sagt: „Der Zukunft stellt man sich durch den Filter der Vergangenheit." Ihre Vergangenheit verlangt Ihre Aufmerksamkeit. Ihre Kindheit ist noch nicht vorbei. Vielleicht ist es für Sie an der Zeit, gedanklich und emotional in Ihre Kindheit zurückzukehren und sich emotionalen Schmerzen zu stellen, die Sie verdrängt haben. Sobald Sie Ihre Vergangenheit aufgearbeitet haben, werden Sie mehr Freiheit gewinnen, „erwachsen" zu werden und ein gesunder Mensch zu sein.

Emotionale Probleme können hilfreich sein

Oft lernt man mehr aus zehn Tagen der Qual als aus zehn Jahren der Zufriedenheit.
Merle Shain

In einem der vorangegangenen Kapitel haben wir uns bewußt gemacht, wie wertvoll es ist, sich den Problemen direkt zu stellen, ob es nun um schwierige Beziehungen, Finanzen oder selbstzerstörerische Gewohnheiten geht. Wir haben gelernt, daß nicht der Lohn zählt, sondern unsere Bereitschaft, den Kampf aufzunehmen und uns anzustrengen.

Nun, da Sie Zeit hatten, das zu einem Teil Ihrer neuen Denkweise werden zu lassen, können Sie diesen Gedankengang weiterführen. Ich möchte Sie überzeugen, daß emotionale Probleme gut sind und daß Sie viel Nutzen aus ihnen ziehen können.

Niemand von uns hat es gern, wenn er emotional aufgewühlt ist. Wir beschweren uns bitter, wenn wir deprimiert, ängstlich oder zornig über etwas sind, das uns das Leben in den Weg gelegt hat. Nur selten erkennen wir die nützliche Seite emotionaler Schwierigkeiten. Sie können uns helfen, eine stärkere Persönlichkeit zu werden, wenn wir den Mut finden, uns den Problemen zu stellen.

In unserem Haus sind an mehreren Stellen Rauchmelder installiert. Ich weiß nicht genau, wie diese Geräte eigentlich funktionieren; ich weiß nur, daß sie es tun. Wenn in unserem Haus jemals ein Feuer ausbrechen sollte, während wir schlafen, würde der Rauchmelder es registrieren und Alarm auslösen. Dadurch hätten wir die Chance, entweder das Feuer zu löschen oder das Haus zu verlassen. Ohne den Rauchmelder könnte unbemerkt ein Feuer ausbrechen, während wir schlafen, so daß wir es erst zu spät merken würden und das Haus nicht mehr unbeschadet verlassen könnten.

Wir Menschen haben ein ähnliches Alarmsystem in unserem Körper, einen psychischen „Rauchmelder", der geistige Probleme wahrnimmt und ein emotionales Warnsignal auslöst. Schmerzhafte Gefühle wie Schuld, Zorn, Depression und Angst sind tatsächlich Warnsigale – Alarmsignale! – die uns aufmerksam machen, daß geistig irgend etwas nicht stimmt. Wenn wir sie nicht beachten, können schmerzhafte Emotionen sich zu ernsthafteren psychischen Problemen auswachsen. Sie sind wie ein Feuer in unserem psychischen „Haus", das sich ausbreiten und es sogar zerstören kann.

So betrachtet sind emotionale Probleme gut. Wir brauchen diese Warnsignale, um uns mit unseren inneren Problemen auseinanderzusetzen, so daß sie später nicht zu schwerwiegenderen Problemen werden können.

Leider ignorieren viele von uns den emotionalen Alarm ständig. Manchmal fühlen wir uns tagelang, monatelang, sogar jahrelang niedergeschlagen, doch wir ignorieren es und tun so, als wäre innerlich alles bestens. Vielleicht bekommen wir bei der geringfügigsten Frustration einen Wutanfall, doch wir ignorieren dieses Warnsignal, obwohl wir wissen, daß irgend etwas nicht stimmt. Oder wir empfinden ständig Angst und tun so, als hätte das nichts zu bedeuten. Die ganze Zeit über versuchen unsere Emotionen uns etwas mitzuteilen, doch wir weigern uns, auf sie zu hören. Viele größere Schäden wären unnötig, wenn wir nur aufmerksamer auf unsere Emotionen hören würden.

Ich finde es erstaunlich, daß wir bei einem leblosen Gegenstand wie einem Auto manchmal mehr gesunden Menschenverstand zeigen als bei uns selbst. Diverse computerisierte Prüfsysteme warnen uns, wenn der Ölpegel zu weit absinkt, wenn Frostschutzmittel, Benzin oder Bremsflüssigkeit zur Neige gehen. Das Auto registriert, daß etwas nicht in Ordnung ist, und sendet ein Warnsignal. Wenn wir es beachten, kann das Auto noch viele Kilometer fahren; wenn nicht, geht es vorzeitig kaputt.

Der menschliche Körper benutzt Emotionen auf ähnliche Weise. Es sind Signale, die uns sagen, daß vorbeugende Maßnahmen notwendig sind: mehr Schlaf, eine bessere Ernährung, eine Verringerung der Arbeitsbelastung, mehr Bewegung und vor allem eine Verbesserung unserer Denkweise. Wenn wir auf diese Warnungen achten und uns so gut pflegen würden wie unsere Autos, könnten wir das Leben mehr genießen und oft länger leben.

Wenn der Alarm ertönt

Keith entsprach genau dem Bild eines Menschen, der seine emotionalen Warnsignale überhört. Er hatte sein Leben lang mit überwältigenden Zorn- und Schamgefühlen zu kämpfen gehabt, weigerte sich jedoch anzuerkennen, daß er Hilfe brauchte. Er ging der schmerzhaften Auseinandersetzung mit seinen inneren Problemen aus dem Weg, zerstörte dabei seine Ehe und verlor eine liebevolle Frau. Sein Zorn war so unbeherrschbar geworden, daß sich seine Frau bedroht fühlte. Aus Angst um ihre Sicherheit beschloß sie schließlich, ihn zu verlassen.

Darüber war Keith ziemlich verzweifelt. Er kam in die Beratung, um sein Leben wieder unter Kontrolle zu bringen.

„Ich weiß, daß ich sie durch meinen Zorn vertrieben habe, aber ich kam einfach nicht mit der Art zurecht, wie sie die Dinge handhabte“, gestand mir Keith. „Es machte mich rasend!“

„Zum Beispiel?“ fragte ich.

„Ich schätze, das Schlimmste war ihre Sammelleidenschaft. Das Haus war ständig voller Trödel. Ich wurde wahnsinnig, wenn ich nach Hause kam und all die Sachen überall herumliegen sah. Manchmal explodierte ich einfach.“

„Keith, ich habe das Gefühl, daß diese Wutausbrüche für

Sie schon lange vor Ihrer Hochzeit ein Problem waren. Stimmt das?“

„Ja, ich denke schon“, gab er widerstrebend zu. „Ich war wohl schon immer ziemlich jähzornig. Mein Bruder und meine Schwester wollen heute noch nichts mit mir zu tun haben, weil sie immer noch sauer darüber sind, wie ich früher immer über sie hergefallen bin.“

„Haben Sie je einen Augenblick darüber nachgedacht, was Ihre Wutanfälle Ihnen zu sagen haben?“ fragte ich.

„Zu sagen? Wie meinen Sie das?“

„Nun, solche Emotionen sind normalerweise Signale, daß irgend etwas da drinnen nicht ganz stimmt. Sie haben immer wieder solche Signale bekommen, aber Sie haben sie ignoriert“, erklärte ich.

„So habe ich das noch nie gesehen. Mein Zorn kam mir eher wie eine Reaktion auf etwas vor, das mich frustriert hatte.“

„Unsere natürliche Neigung geht dahin, unsere Emotionen als eine Aussage über andere Personen zu betrachten und nicht als eine Aussage über uns selbst. Erscheint Ihnen das einleuchtend?“

Keith dachte einen Moment darüber nach. Plötzlich lächelte er sardonisch.

„Klar, in gewisser Hinsicht ist das einleuchtend“, sagte er. „Ich weiß genau, wenn ich auf jemanden wütend bin, ist das eine Aussage darüber, was für ein Depp diese Person ist. Ist es das, was Sie meinen?“

Er wirkte überrascht, als ich zustimmend nickte.

„Ja. Sie dachten zum Beispiel, Ihr Zorn wäre eine Aussage über Ihre Frau, während er in Wirklichkeit etwas über Sie selbst aussagte“, erklärte ich. „Ihr Zorn hätte Sie auf gewisse Probleme in Ihrem Inneren aufmerksam machen können. Offenbar haben Sie diese Warnsignale nicht beachtet, so daß noch größere Probleme in Ihrem Leben entstanden.“

„Wissen Sie, ich war beim Militär und habe dort am Radarschirm gearbeitet. Was Sie sagen, erinnert mich irgendwie daran, wie wir einen rotierenden Strahl benutzten, um feindliche Flugzeuge aufzuspüren, bevor sie uns zu nahe kamen", sagte Keith. „Ohne den Radar wären wir vernichtet worden. Mit ihm konnten wir angemessen reagieren und den Schaden mindern."

„Gute Analogie", nickte ich. „Emotionen – selbst die kleinsten – versuchen uns oft zu warnen, daß wir in unserem Inneren irgend etwas in Ordnung bringen müssen. In dieser Hinsicht sind sie eine äußerst hilfreiche Einrichtung und regelrecht gut für uns."

„Ich hätte nie gedacht, daß ich meinen Zorn jemals ‚gut' nennen würde, aber ich verstehe, wie Sie das meinen. Wenn ich ihn als Hinweis nutzen kann, statt ihn an meiner Umgebung auszulassen, könnte mir das vielleicht eine Menge Ärger ersparen", schloß er.

„Emotionen in dieser Weise zu nutzen ist etwas, das Sie lernen können", ermutigte ich Keith. „Und durch Übung werden Sie darin viel besser. Im Moment lernen Sie erst einmal, Ihre Emotionen so zu verstehen. Wenn Sie sich bemühen, werden Sie mit der Zeit auch besser darin werden."

Möbeln Sie Ihr Leben auf

Keith begann seine Emotionen in neuem Licht zu sehen, nicht nur seinen Zorn, sondern auch seine Freude, Niedergeschlagenheit und Traurigkeit. Besonders schwer fiel es ihm, sich Traurigkeit einzugestehen und sie als Hinweis zu nutzen, daß etwas Wichtiges in ihm vorging. Keith war so erzogen worden, daß er Traurigkeit für ein Zeichen von Schwäche hielt. Doch er lernte zu begreifen, daß selbst Traurigkeit ein Gefühl war, das ihn auf wichtige Dinge in seinem Leben hinwies, denen er sich stellen mußte.

Keith lernte, aufmerksam auf die Art seiner Emotionen zu achten, um die Belastungen und Herausforderungen zu messen, mit denen er es im Leben zu tun hatte. Er lernte, die Zeichen zu deuten.

Ein weiterer Nutzen emotionaler Probleme hängt mit der schlichten Tatsache zusammen, daß der Schmerz, den sie verursachen, uns oft zur Veränderung motiviert. Veränderung ist mühsam, und die meisten von uns würden sich lieber nicht verändern, wenn es nicht unbedingt notwendig wäre. Schmerzhafte Emotionen helfen uns, indem sie uns zur Veränderung „zwingen“. Wenn Sie jemals so unglücklich gewesen sind, daß Sie beinahe alles gegen den Schmerz getan hätten, werden Sie verstehen, was ich meine. Elend und Verlangen sind die Faktoren, die uns offenbar am stärksten zur Veränderung motivieren. Emotionale Probleme sind oft das „Elend“, das uns zu dem Versuch motiviert, den Status quo zu überwinden.

Beweise für diese Wahrheit erlebe ich in meinen Sprechstunden ständig. Die Mehrzahl meiner Patienten nehmen meine Hilfe erst in Anspruch, wenn ihr Schmerz so groß ist, daß sie es ohne Beratung nicht mehr geschafft hätten. Diese Neigung zu warten, bis es „um Leben und Tod“ geht, ist sehr bedauerlich, weil man sich durch Vorbeugung viel Elend hätte ersparen können. Es ist wie bei einem Menschen, der ein paar Pfund zunimmt, aber keinen Sport treibt, bis aus den paar Pfund zwanzig oder dreißig geworden sind. Ein kleines Problem wächst sich vom Maulwurfshügel zu einem riesigen Berg aus, weil die ersten, schwachen Schmerzsignale nicht zum Anlaß genommen werden, etwas gegen das Problem zu unternehmen.

In der Medizin gibt es dazu eine wichtige Parallele, der wir alle schon mehrmals begegnet sind. Gelegentlich entdecken wir ein körperliches Symptom, etwa Fieber, und gehen zum Arzt, um die Ursache herauszufinden. Das Fieber macht uns nicht nur auf die Tatsache aufmerksam, daß körperlich irgend etwas nicht in Ordnung ist, sondern es motiviert uns auch, etwas dagegen zu unternehmen.

Kürzlich bekam ich zum Beispiel derart starke Halsschmerzen, daß mir bei jedem Schlucken der ganze Körper wehtat. Normalerweise ignoriere ich solche Symptome, spiele lieber den Macho und ertrage den Schmerz. Aber in diesem Fall wurden die Schmerzen immer schlimmer. Die Halsschmerzen waren sowohl ein Hinweis als auch eine Motivation, etwas zu unternehmen. Ich ging also zu unserem Hausarzt, und es stellte sich heraus, daß ich eine Bronchitis und eine Rachenentzündung hatte. Er behandelte mich mit Antibiotika, und nach ein paar Tagen ging es mir besser.

Aber was wäre gewesen, wenn ich nie Halsschmerzen bekommen hätte oder die Schmerzen nicht schlimmer geworden wären? Dann hätte ich nicht gemerkt, daß irgend etwas in meinem System „krank" war, und alles hätte viel schlimmer werden können. So sehr ich auch über die Halsschmerzen stöhnte, in Wirklichkeit waren sie ein Segen, indem sie mir sagten: „He, Thurman, du hast ein Problem, und es wird dir weh tun, bis du etwas dagegen tust."

In einer vollkommenen Welt würden Sie nie Krankheitssymptome entwickeln, weil es keine Viren und Bakterien gäbe. Ebenso käme es in einer idealen Welt auch niemals zu klinischen Depressionen, Phobien, Eßstörungen, Panikanfällen oder anderen psychischen Symptomen, weil es keine psychischen Belastungen oder verzerrten Denkweisen gäbe, die sie verursachen könnten. In der wirklichen Welt jedoch stehen wir vielfältigen psychischen Herausforderungen gegenüber und leiden nun einmal unter den emotionalen Symptomen, die sie verursachen. So merkwürdig es klingen mag, ich bin überzeugt davon, daß diese emotionalen Symptome Segnungen sind. Sie sind wertvolle Nachrichten, die wir brauchen, um alarmiert und motiviert zu werden.

Es gibt viele Hinweise darauf, daß zwischen unserem geistigen und emotionalen Zustand und unserem körperlichen Wohlergehen ein direkter Zusammenhang besteht. Ein Beispiel dafür findet sich im Leben von Kate Jackson, der hübschen, dunkelhaarigen Schauspielerin aus der Fernsehserie *Drei Engel für Charlie*.

Bei Kate Jackson hätte jeder angenommen, daß ihr die Welt zu Füßen lag. Sie war erfolgreich (sie trat in drei beliebten Fernsehserien auf), sie war hübsch (ihr Gesicht war auf zahlreichen Titelseiten zu sehen), sie war reich (ihre Villa in Beverly Hills hatte 2,4 Millionen Dollar gekostet) und sie war berühmt (ihre Fanpost kam lastwagenweise). Innerlich war sie jedoch ein Nervenbündel. Emotionale Signale machten sich bemerkbar, aber Kate ignorierte sie: Wutanfälle, Tage völliger Lustlosigkeit und Wellen des Selbstzweifels.

Obwohl diese äußeren emotionalen Zeichen sie warnten, zwang sie sich weiterhin, über ihre Kräfte zu arbeiten. Dann hatte sie eines Nachts einen seltsamen Alptraum, in dem sie an einer furchtbaren Krankheit litt. Der Alptraum war sogar konkret genug, um sie auf den Gedanken zu bringen, daß es sich um Brustkrebs handelte.

„Ich weiß, es klingt unheimlich“, sagte Kate einem Reporter der Zeitschrift *Redbook* im April 1991, „aber genau das ist dann auch eingetreten. Ich glaube, daß unser Körper zu uns redet, und wir *müssen* auf ihn hören!“

Kate ging in eine Klinik und ließ eine Mammographie vornehmen. Tatsächlich zeigte sich in ihrer linken Brust eine bösartige Geschwulst, die 1987 operativ entfernt wurde. Dieses Erlebnis veranlaßte Kate, ihr Leben neu zu überdenken. Sie versuchte, mehr zu schlafen und weniger zu arbeiten, aber die Anforderungen einer erfolgreichen Fernsehserie zehrten weiterhin an ihr. Bald fiel sie in denselben extrem streßbelasteten Lebensstil zurück. Im September 1989 schließlich wurde erneut Krebs in ihrer linken Brust festgestellt. Um ihn zu entfernen, mußte sich Kate einer teilweisen Mastektomie und einer rekonstruktiven plastischen Operation unterziehen.

„Ich hatte Angst“, erzählte sie später. „Ich war wie versteinert. ‚Warum ausgerechnet ich?‘ dachte ich voller Zorn.“

Die zweite Krebserkrankung war notwendig, um Kate Jackson zu überzeugen, daß sie ihre emotionalen Signale nicht ignorieren durfte. Sie machte sich sofort daran, ihre Lebensweise zu korrigieren, verkaufte ihr elegantes Haus in Kalifornien und zog auf eine ruhig gelegene, fünfzig Hektar große Farm in Virginia. Sie fing an, täglich Sport zu treiben.

Ihre Ernährung stellte sie auf Obst, Getreide, Fisch und Müsli um und verzichtete auf Fett, Schnellimbißgerichte und Zigaretten. Außerdem achtete Sie darauf, genügend Schlaf zu bekommen.

„Ich will die Angst nicht, mit der ich früher gelebt habe", sagt Kate. „Darum bin ich nach Virginia gezogen. Ich will den Streß nicht mehr. Das habe ich alles nicht nötig."

Nicht jeder kann es sich leisten, so zu leben, wie Kate Jackson, aber wir können es uns leisten, Kate Jacksons Lektion zu lernen. Wenn Sie das nächste Mal in Versuchung sind, Ihre emotionalen Schwierigkeiten als etwas Schlechtes zu sehen, überlegen Sie doch einmal, ob Ihr Unterbewußtsein Ihnen vielleicht mitteilen möchte, daß Ihre Gesundheit gefährdet ist. Wenn Sie es anders verstehen, übergehen Sie das Signal.

Suchen Sie nach der Wahrheit

Nachdem Sie dieses Kapitel gelesen haben, können Sie die hier gelernte Wahrheit benutzen, um mit einer neuen Übung zur Selbstprüfung zu beginnen. Die Prozedur ist einfach, führt aber zu tiefgreifenden Ergebnissen.

Wählen Sie eine Zeit und einen Ort, wo Sie sich ungestört mit Papier und Stift zurückziehen können. Schreiben Sie als Überschrift auf das Blatt: „Emotionale Probleme sind gut." Dann tragen Sie in eine senkrechte Spalte am linken Rand die Zahlen eins bis zehn ein.

Nun meditieren Sie eine halbe Stunde lang über diese Aussage. Denken Sie an die konkreten emotionalen Probleme, mit denen Sie im Augenblick zu kämpfen haben. Überlegen Sie, warum diese Probleme gut sind: Worauf machen sie Sie aufmerksam? Was machen sie Ihnen bewußt? Versuchen Sie, zehn Antworten zu finden, und notieren Sie diese. Nehmen Sie sich soviel Zeit, wie Sie brauchen. Vielleicht wollen Sie diese Übung auch mehrere Tage lang in Ihrer stillen Zeit machen.

Diese Übung können Sie noch ergänzen, indem Sie auf

Ihre Eintragungen im TRUTH-Tagebuch zurückkommen und über die anderen Wahrheiten meditieren, die Sie in diesem Buch gelernt haben, wie etwa „Im Kampf liegt die Tugend, nicht im Preis“ oder „Irren ist menschlich“. Bewahren Sie diese Antworten in Ihrem Tagebuch auf, damit Sie das nächste Mal, wenn Sie emotionale Schwierigkeiten haben, darauf zurückgreifen können und daran erinnert werden, daß emotionale Probleme gut sind.

Das Leben ist schwierig

Das Leben ist, als ob man vor Publikum ein Violinsolo spielt und währenddessen das Instrument erst erlernt.

Edward Bulwer-Lytton

Kommt Ihnen der Name Vinko Bogataj bekannt vor? Nein? Nun, dann will ich Ihnen ein paar Hinweise geben, wer dieser berühmte Mann ist. Er fährt einen Gabelstapler in einer Fabrik, in der Ankerketten hergestellt werden. Er führt ein stilles Leben mit seiner Frau, seinen beiden Töchtern und seiner Schwiegermutter. In seiner Freizeit malt und schnitzt er.

Irgendeine Idee? Nein? Dann gebe ich Ihnen noch ein paar Hinweise. Vinko Bogataj lebt in Jugoslawien und ist wahrscheinlich der berühmteste ehemalige Skispringer der Geschichte. Immer noch keine Idee?

Nun, in Amerika haben die meisten Leute Vinko Bogataj schon einmal gesehen, selbst wenn sie seinen Namen nicht erkennen. Er ist nämlich der arme Kerl, der im Vorspann der beliebten Sportsendung „Wide World of Sports" für die „Agonie der Niederlage" steht. Er war derjenige, der 1971 beim Skispringen in Oberstdorf einen unglaublichen Sturz machte und sich mehrmals überschlug. Zu Vinkos Unglück waren die Berichterstatter von „Wide World of Sports" zur Stelle und fingen jede peinliche Sekunde seines spektakulären Sturzes ein. In all den Jahren seither wurde Vinkos Sturz wöchentlich im Vorspann der Sendung ausgestrahlt, so daß er unauslöschlich in der „Hall of Shame" des Sports verewigt wurde. Laut Jim McKay, seit dreißig Jahren Moderator von „Wide World of Sports", betrifft die am häufigsten gestellte Frage zu seiner Sendung diesen armen Skispringer aus Jugoslawien.

Ich weiß nicht, wie es Ihnen ergeht, aber ich kann mir vorstellen, wie sich Vinko gefühlt haben muß, als er vor den Augen der ganzen Welt den Sprung verpatzte. Auf nicht ganz so grandiose Weise habe auch ich schon einige spektakuläre Stürze vollbracht. Obwohl bei mir nicht die ganze Welt zuschauen konnte, hatte ich doch das Gefühl, daß sie genauso peinlich und beschämend waren. Ich empfinde kaum etwas als so schlimm wie solche Momente.

An einen davon erinnere ich mich, als wäre es gestern gewesen. Ich war in Michigan und hielt vor ungefähr dreihundert Menschen ein Seminar über „Richtig denken". Um einige wichtige Informationen zu vermitteln, setzte ich einen Tageslichtprojektor ein. Die vermeintliche transparente Folie, auf die ich schrieb, war in Wirklichkeit die Glasplatte, durch die das Licht projiziert wird. Ich kann Ihnen nicht beschreiben, wie peinlich es mir war, als ich meinen Fehler bemerkte. Da stand ich nun vor dreihundert Leuten und starrte auf einen Tageslichtprojektor, dessen gesamte Glasplatte vollgekritzelt war, und hatte keine Möglichkeit, das Geschriebene wieder zu löschen. Am liebsten wäre ich so schnell wie möglich durch einen Seitenausgang geschlichen und nie wieder in den schönen Staat Michigan zurückgekehrt. Ich fühlte mich wie Vinko Bogataj, als er von der Seite der Sprungschanze herabsegelte. Erzähle mir einer, wie man sich fühlt, wenn man mit aus der Hose hängendem Toilettenpapier in der Öffentlichkeit herumgelaufen ist! Glücklicherweise fanden meine Zuhörer die Sache äußerst spaßig, und einer von ihnen holte mir ein paar feuchte Papiertücher, um die Glasplatte zu reinigen, so daß ich mein Seminar fortsetzen konnte.

Vielleicht haben auch Sie solche Vinko-Bogataj-Momente erlebt. Vielleicht sind Sie auch schon einmal die Sprungschanze des Lebens herabgeglitten, um zu einem triumphalen Sprung anzusetzen, den Sie für ein Kinderspiel hielten – nur um dann die Balance zu verlieren und in einer katastrophalen Richtung von der Schanze herunterzusegeln. Während Sie dann emotional aufgewühlt und verletzt dalagen, empfanden Sie wahrscheinlich den völligen

Verlust des Selbstwertgefühls und Selbstvertrauens, der mit solchen Momenten einhergeht. Vielleicht spürten Sie auch die kalten Blicke derer, die zur Stelle waren, um diesen wenig rühmlichen Augenblick in Ihrem Leben zu beobachten.

Warum soviel Aufhebens um unseren Freund Vinko und seinen berühmten Sturz von irgendeiner Sprungschanze in Deutschland? Nun, ich möchte dieses Beispiel und unsere eigenen ähnlichen Erfahrungen benutzen, um eine weitere entscheidende Wahrheit zu veranschaulichen, die wir auf der Sprungschanze unseres Alltags klar erkennen müssen: Das Leben ist schwierig. Vinko fand das heraus, als er im Skisport versuchte, sein Gleichgewicht zu halten. Wir selbst merken es jeden Tag, während wir versuchen, unser menschliches Gleichgewicht zu wahren.

Sicher kann jeder ein Lied davon singen, wie schwierig das Leben ist. Manchmal sind diese Geschichten amüsant, manchmal herzzerreißend, oft irgendwo dazwischen. Achten Sie jedoch einmal darauf, wie diese Geschichten erzählt werden: Die Erzähler sind oft überrascht, ja empört darüber, daß das Leben sich als schwierig erwiesen hat. Scheinbar waren sie von der Erwartung ausgegangen, daß das Leben leicht und problemlos sein müßte. Oft erzählen sie ihre Geschichten mit starkem Groll, als ob das Leben ausgerechnet sie mit Unglück überhäuft hätte. In einem sehr realen Sinn haben sie noch nicht begriffen, daß das Leben schwierig ist, sondern leben noch in einer kindlichen Welt, in der das Leben ein Zuckerschlecken ist und jede Herausforderung sich mit Leichtigkeit bewältigen läßt.

Vor einigen Jahren wurde mir allmählich klar, daß ich selbst zu diesen Leuten gehörte. Diese Erkenntnis begann, als ich das Buch *Der wunderbare Weg* von Dr. M. Scott Peck las. Er beginnt mit der schlichten Aussage „Das Leben ist schwierig" und fährt dann fort, dies eine der größten Wahrheiten zu nennen, die nur wenige Menschen wirklich begriffen hätten. Ich erinnere mich noch, wie ich dachte, mein Geld zum Fenster hinausgeworfen zu haben, falls das Buch mir sonst nichts zu sagen hätte. „Erzählen Sie mir etwas Neues!“ war mein erster (arroganter) Gedanke.

Als ich jedoch weiter darüber nachdachte, wurde mir klar, daß Dr. Peck genauer ins Schwarze traf, als ich zugeben mochte. So sehr es mich schmerzte, ich mußte eingestehen, daß ich diese Wahrheit im Grunde noch nicht begriffen hatte. Ich sah klarer als je zuvor, daß ich mein ganzes Leben in der Annahme geführt hatte, daß das Leben leicht sein sollte und daß irgend etwas ganz und gar verkehrt lief, wenn Schwierigkeiten aufzutreten wagten. Ich erkannte, wie sehr ich Schwierigkeiten haßte und mit der Einstellung reagierte: „Wie kannst du es wagen, mir das anzutun!“ Oft erging ich mich in Jammern und Stöhnen, sobald eine Schwierigkeit meinen Weg kreuzte.

Im Grunde war ich noch nicht erwachsen! Ich betrachtete das Leben durch eine rosa gefärbte Brille, die alles schöner und leichter aussehen läßt, als es wirklich ist. Wenn das Leben einmal nicht schön oder leicht war, bekam ich innerlich und manchmal auch äußerlich einen Wutanfall, wie ein Fünfjähriger ihn nicht besser hinbekäme. Kommt Ihnen das bekannt vor? Vielleicht können Sie sich mit meinem Widerstreben gegen die Einsicht identifizieren, daß das Leben tatsächlich schwierig ist. Vielleicht wollen auch Sie das Leben lieber in rosigeren Farben sehen. Vielleicht ergehen auch Sie sich in Jammern und Stöhnen, wenn das Leben hart wird. Wenn ja, stehen wir beide damit nicht allein!

In *Der wunderbare Weg* erklärt Dr. Peck, warum er das Leben für schwierig hält, und ich fand seine Argumentation völlig überzeugend. Er glaubt, daß der Prozeß einer Auseinandersetzung mit Problemen und ihrer Lösung in sich schmerzhaft ist, und das Leben mit seiner endlosen Serie von Problemen daher immer schwierig ist. Dr. Peck betrachtet vier Werkzeuge als entscheidend, um sich mit schmerzhaften Problemen frontal auseinandersetzen zu können: das Wartenkönnen auf die Befriedigung, das Gleichgewicht, die Verantwortungsbereitschaft und das Festhalten an der Wahrheit. Ich stimme ihm zu, bin jedoch überzeugt, daß es am wichtigsten ist, der Wahrheit verpflichtet zu sein. Warum, werde ich im letzten Kapitel dieses Buches ausführlicher darstellen.

Obwohl so viele Dinge uns beweisen, daß das Leben schwierig ist, weigern viele von uns sich immer noch, diese Wahrheit zu akzeptieren. Mein typischer Gesprächspartner in der Beratung ist offensichtlich der Meinung, daß das Leben leicht sein sollte, und wird regelrecht wütend, wenn das Gegenteil der Fall ist. Ich gebe Ihnen ein Beispiel.

Als Becky zu mir in die Beratung kam, hatte sie unglaublich viel Zorn und Verbitterung aufgestaut. Sie verlor oft die Beherrschung und kam schließlich in die Beratung, weil ihre Chefin sie vor die Alternative gestellt hatte, eine Therapie zu machen oder die Firma zu verlassen. Sie gehörte nicht gerade zu den Patienten, die gern zu mir zu kamen. Das folgende Gespräch fand während einer unserer Sitzungen statt.

„Ich weiß nicht, warum ich hier bin", brummte Becky. „Meine Chefin hat mich mehr oder weniger gezwungen, herzukommen, weil ich bei der Arbeit ein paarmal die Geduld verloren habe."

„Dann sind Sie also eigentlich nicht davon überzeugt, daß eine Beratung für Sie notwendig ist?"

„Ich bin überzeugt, daß es ganz und gar nicht notwendig ist!" betonte sie nachdrücklich. „Mag ja sein, daß ich öfter mal die Beherrschung verliere, aber die Leute, auf die ich wütend werde, haben es normalerweise auch verdient. Sie machen mir soviel unnötigen Ärger, daß ich einfach nicht anders kann!"

„Sie haben also nicht das Gefühl, Ihren Zorn in solchen Situationen gut unter Kontrolle zu haben."

„Der Zorn ist wie eine Welle, die mich überrollt. Ich kann ihn nicht aufhalten. Ich rede, bevor ich denke, und bringe mich dadurch am Ende in Schwierigkeiten", sagte sie in einem Tonfall, als ob sie vor einem Priester beichtete.

„Becky, ich glaube, genau das Gegenteil ist der Fall. Sie denken, *bevor* Sie reden. Lassen Sie sich das einen Augenblick durch den Kopf gehen: Was meinen Sie, was Sie sich selbst sagen, bevor Sie auf solche Leute wütend werden?"

„Da kann ich auch nur raten“, antwortete sie, als wäre ich einer ihrer Kunden, der sie belästigte.

„Kommen Sie, versuchen Sie es. Was geht Ihnen durch den Kopf, wenn diese Leute Ihnen soviel unnötigen Ärger machen?“

„Daß sie Idioten sind und mir das Leben nicht so schwer machen sollten!“

„Sie meinen also, daß sie Ihnen das Leben schwerer machen, als es sein sollte, richtig?“

„Ja. Ich brauche niemanden, der mir das Leben noch schwerer macht, als es sowieso schon ist.“

„Becky, ich möchte Ihnen eine Frage stellen, die Ihnen vielleicht verrückt vorkommt. Wie schwierig sollte Ihr Leben Ihrer Meinung nach sein?“

„Wie meinen Sie das?“

„Nun, Sie sagten, daß diese Kunden Ihnen das Leben schwerer machen, als es sein sollte. Also haben Sie bestimmt eine Vorstellung davon, wie schwer Ihr Leben sein sollte.“

„Ich glaube einfach nicht, daß mein Leben *so* schwierig sein sollte! Ich sollte mich eigentlich nicht mit Leuten abplagen müssen, die nichts Besseres zu tun haben, als mich zu ärgern!“

„Nun, dann lassen Sie mich noch eine verrückte Frage stellen: Warum nicht?“

„Was soll das heißen: ‚warum nicht‘? Warum sollte sich jemand mit solchen Leuten abplagen müssen?“

„Weil die Welt voll von solchen Leuten ist.“

„Was? Sie wollen mich wohl auf den Arm nehmen! Ich soll akzeptieren, daß die Welt voll von solchen Idioten ist?“

„Ja.“

„Dr. Thurman, bei allem Respekt, das wollen Sie mir doch nicht weismachen. Warum sollte ich so etwas akzeptieren?“

„Schauen Sie sich den Preis an, den Sie dafür zahlen, daß Sie es nicht akzeptieren. Sie laufen herum und können jeden Augenblick explodieren, und Sie stehen kurz davor, einen Job zu verlieren, der Ihnen viel bedeutet. Der Preis, den Sie dafür zahlen, vom Leben einen leichten und ‚idiotenfreien‘

Arbeitsplatz zu erwarten, ist schon jetzt ziemlich hoch und könnte noch höher steigen, falls Sie Ihre Stellung verlieren."

„Ich kann einfach nicht akzeptieren, daß mein Job derartige Ärgernisse mit sich bringen muß!" schoß sie unnachgiebig zurück.

„Becky, lassen Sie mich ein bißchen rauher mit Ihnen umgehen. Warum bilden Sie sich ein, daß Ihr Leben anders sein sollte als das aller anderen Menschen? Warum sollten ausgerechnet Sie den einzigen Job der Welt besitzen, bei dem Sie ausschließlich mit wunderbaren Leuten zu tun haben? Sind Sie von königlichem Blut? Haben Sie als einzige ein Leben ohne Ärger verdient?"

„Nein, ich glaube, niemand sollte sich mit Schwierigkeiten abgeben müssen, die nicht notwendig sind."

„Nun, damit ist das Problem aber nicht gelöst, oder? Ob sich nun jemand mit unnötigen Problemen abgeben müssen *sollte* oder nicht, sie tauchen so oder so auf. Es gibt jede Menge Schwierigkeiten im Leben; manche sind notwendig, während andere eigentlich vermeidbar wären, aber es gibt sie nun einmal. Sie scheinen sagen zu wollen, daß Sie, statt diese Tatsache zu akzeptieren, lieber einfach wütend darüber bleiben wollen, egal, wieviel Sie dabei verlieren."

„Na ja, wenn Sie es so ausdrücken, klingt es wirklich nicht allzu vernünftig", antwortete sie verlegen.

„In Wahrheit *ist* diese ganze Einstellung einfach nicht allzu vernünftig. Vielleicht hält diese Auffassung Sie davon ab, reifer mit dem Leben umzugehen als bisher."

„Ich weiß nicht. Vielleicht haben Sie recht", räumte sie ein, ohne recht überzeugt zu klingen.

„Becky, lassen Sie mich offen sprechen: Ich *habe* recht damit. Sie reden sich ein, daß das Leben von gewissen Schwierigkeiten frei sein sollte, und werden wild, wenn es anders kommt. Die Wahrheit ist, daß Ihr Leben genau wie meines oder das aller anderen Leute Schwierigkeiten enthält, die nicht gerade ein Vergnügen bedeuten. In gewissem Sinn stellen diese Schwierigkeiten Ihre Reife auf die Probe. Ihre Chefin versucht Ihnen deutlich zu machen, daß Sie bei diesem

‚Reifetest' am Arbeitsplatz nicht allzu gut abschneiden und daß sich das bessern muß, wenn Sie Ihren Job behalten wollen. Und damit sich das bessert, werden Sie die Wahrheit akzeptieren müssen, daß das Leben schwierig ist, ob uns das nun gefällt oder nicht. Wir können uns aussuchen, ob wir bei jeder Schwierigkeit quieken wie eingeklemmte Schweine, oder ob wir uns reif verhalten und versuchen, mit der Schwierigkeit fertig zu werden, so gut wir können."

„Ich glaube, ich verstehe Ihren Gesichtspunkt. Sie sagen, daß mein Zorn gegenüber den Kunden mit der unreifen Annahme zusammenhängt, daß sie mir das Leben nicht schwer machen sollten, während die Wahrheit ist, daß das Leben schwierig *ist* und sie mir das nur beweisen. Ich habe Probleme, diese Wahrheit zu akzeptieren und mich mit dieser Tatsache auseinanderzusetzen."

„Das ist genau das, was ich Ihnen zu vermitteln versuche."

„Ich muß Ihnen sagen, daß es mich nicht gerade tröstet, daß Sie damit recht haben. Ich kann mir nicht vorstellen, wie mir das helfen soll, mit den Idioten bei der Arbeit besser umzugehen. Ich werde immer noch dazu neigen zu sprechen, bevor ich denke."

„Nun, ist das nicht der Grund, warum Sie in der Beratung sind? Sie sind doch hier, um an diesem Problem zu arbeiten. Meinen Sie nicht, daß Ihre Chefin Sie behalten wird, solange Sie an dem Problem arbeiten und mit der Zeit gewisse Fortschritte machen?"

„Ja, ich glaube schon. Sie ist im allgemeinen mit meiner Arbeit zufrieden, und es scheint ihr sehr daran zu liegen, daß ich als Mitarbeiterin reifer werde. Vielleicht bin ich auch in der Beratung, weil ich lernen muß, besser mit Menschen umzugehen. Nicht nur am Arbeitsplatz, sondern auch in meinem persönlichen Leben. Da kann ich auch ziemlich wütend werden."

„Becky, bei Ihren Wutausbrüchen an der Arbeit sind eine Menge verschiedener Faktoren im Spiel, und wir können unsere Sitzungen dazu nutzen herauszufinden, welche das sind. Bisher können wir nur festhalten, daß einer der zentralen

Faktoren ein Mangel an Bereitschaft ist, die Wahrheit zu akzeptieren, daß das Leben schwierig ist. Ihre Reaktion auf die ‚Idioten', mit denen Sie beruflich zu tun hatten, war nur ein Symptom. Das Leben kann manchmal ein guter Lehrer sein, wenn wir es zulassen. In diesem Fall versuchte es, Ihnen eine wichtige Wahrheit zu zeigen, die Sie für ein erfolgreiches Leben brauchen. Ich bin zuversichtlich, daß Sie lernen werden zu akzeptieren, daß das Leben schwierig ist, und nicht mehr so mit dieser Tatsache kämpfen müssen."

„Das hoffe ich sehr. Ich habe keine Lust, den Rest meines Lebens gegenüber Leuten und Dingen, die mich ärgern, zu explodieren."

In meinen Sitzungen mit Becky kamen wir noch oft auf die Wahrheit zurück, daß das Leben schwierig ist. Immer wieder brachte sie Klagen über dieses oder jenes Ärgernis mit in mein Sprechzimmer und grollte, weil das Leben es wieder einmal gewagt hatte, schwierig zu sein. Immer wieder forschten wir nach, was das Leben ihr zu sagen hatte, und versuchten, ihre mangelnde Bereitschaft zum Zuhören zu durchbrechen. Sie machte Fortschritte, wenn auch manchmal nur langsam, und akzeptierte allmählich, daß das Leben in sich schwierig ist und daß es ihr nur schadete, wenn sie diese Wahrheit leugnete.

Als ich anfing, dieses Kapitel zu schreiben, war ich in Versuchung, Ihnen dramatischere Beispiele zu geben als das einer Patientin, die mit den „Idioten" an ihrem Arbeitsplatz nicht zurechtkam. Der Punkt ist der: Ob im kleinen oder im großen, das Leben ist schwierig. Wenn wir uns ins Leben hinauswagen und diese wichtige Wahrheit nicht akzeptieren, dann beschwören wir emotionale Probleme herauf, die keiner von uns in letzter Konsequenz verkraften kann. Becky schaffte es, das zu erkennen. Ich hoffe, daß Sie es bereits erkannt haben oder durch dieses Kapitel darauf aufmerksam wurden.

Was der Mensch sät, das wird er ernten

Wer ist der größte Feind des Menschen?
Jeder Mensch ist sein eigener. Anacharsis

Nicht wenige von uns verbringen, oft auf einer unbewußten Ebene, viel Zeit mit der Hoffnung, daß diese letzte Wahrheit „Was der Mensch sät, das wird er ernten“ nicht zutreffe. Aber sie ist wahr.

Wir essen abends beim Fernsehen eine große Portion unserer Lieblingseiskrem und hoffen, daß uns die Waage am nächsten Morgen nicht dafür zur Rechenschaft zieht. Wir geben Geld aus, als gäbe es kein Morgen, und hoffen, daß die Leute von der Kreditkarten-Gesellschaft vergessen werden, uns am Monatsende die Rechnung zu schicken. Wir treiben keinen Sport, erwarten aber, daß unser Körper ein Leben lang gesund und fest bleibt. Wir ignorieren unsere Kinder und hoffen, daß sie zu reifen Erwachsenen werden. Wir rasen mit halsbrecherischer Geschwindigkeit über die Landstraße und hoffen, daß keine Polizei in der Nähe ist.

Wir handeln oft in der Hoffnung, die Konsequenzen dieses Handelns vermeiden zu können. Die traurige Wahrheit ist, daß wir manchmal tatsächlich mit gewissen Handlungsweisen davonkommen und es so *aussieht,* als ob wir nicht das ernten, was wir gesät haben. Oft fahren Leute zu schnell, ohne von der Polizei erwischt zu werden. Manche Leute hinterziehen ihre Steuern, ohne dafür vom Finanzamt zur Rechenschaft gezogen zu werden. Manche Leute begehen sogar einen Mord und werden nicht ins Gefängnis gesteckt. Wenn Sie einen Augenblick darüber nachdenken, fallen Ihnen sicher noch weitere Beispiele ein.

Es scheint also, als könnten Menschen manchmal ihrer

Strafe entkommen, dem Schicksal ein Schnippchen schlagen oder sich selbst und andere zum Narren halten, wenn sie es geschickt genug anstellen. Aber es *scheint* nur so. Ich glaube, daß wir *immer* ernten, was wir gesät haben, selbst wenn es anders aussieht. Alles, was wir tun, schlägt sich in uns nieder. Jede Handlung fügt dem Gewebe unseres Charakters einen weiteren Faden hinzu. In Wirklichkeit kommen wir nie mit etwas davon, weil alles, was wir tun, unser Gedächtnis, unser Gewissen, ja unsere Seele prägt.

Nehmen Sie den Raser auf der Landstraße, der mit hundertundfünfzig Stundenkilometern die Bundesstraße entlangbraust, ohne ein Bußgeld zahlen zu müssen. Er hat etwas gesät in das, was seine Persönlichkeit ausmacht. Sein „Ich", sein Wertesystem, sein angeborenes Gefühl für Recht und Unrecht sind auf eine negative und selbsterniedrigende Weise beeinträchtigt worden. Er hat ein weiteres Samenkorn in den Teil seines Wesens gesät, der Regeln mißachtet, gegen Autorität rebelliert, gleichgültig gegenüber der Sicherheit anderer Menschen ist und eine stumpfe Feindseligkeit gegen die Gesellschaft an den Tag legt. Vielleicht erreicht er an jenem Tag sein Ziel in Rekordzeit und freut sich darüber, doch es geht auf Kosten seiner Würde und Menschlichkeit. Am bedauerlichsten ist, daß er dies alles wahrscheinlich nicht einmal merkt.

Der Samen, den wir jeden Tag durch unser Verhalten ausstreuen, wird früher oder später auf verschiedene Weise entscheidende Auswirkungen haben. Es mögen Jahre vergehen, bevor die ersten Hinweise erkennbar werden, doch am Ende werden die Folgen offenkundig sein. Mag sein, daß wir schockiert sind, wenn wir schließlich die Früchte unserer Saat erkennen, aber das zeigt nur, wie naiv wir gewesen sind. Die meisten von uns denken, daß die kleinen, scheinbar unwichtigen Dinge, die wir jeden Tag tun, keinen Einfluß auf uns haben. Doch sie beeinflussen uns sehr stark.

Wenn Sie einmal über Fälle aus dem wirklichen Leben nachdenken wie den Niedergang des Präsidentschaftswahlkampfes von Gary Hart, der Baseball-Karriere von Pete

Rose, des finanziellen Imperiums von Donald Trump, des Hotel-Imperiums von Leona Helmsley, der Film-Hinterlassenschaft von Rock Hudson, der Nachrichtenkarriere von Jessica Savitch, des Einflusses von Elvis Presley als Unterhalter und des geistlichen Dienstes von Jim Bakker, dann werden Sie sicher begreifen, worauf ich hinauswill. All diese Leute schienen nach außen hin gut – ja sogar phantastisch – zurechtzukommen. Doch im Rückblick ist klar zu erkennen, daß der Samen ihres Niedergangs die ganze Zeit über gesät worden war, um seine Früchte in Form der Schlagzeilen zu tragen, die uns alle schockierten. Jeder Niedergang begann mit einer kleinen, scheinbar harmlosen Handlung hier, einem scheinbar unwichtigen Verhalten dort. Die vielen kleinen Samenkörner der Extravaganz und der Achtlosigkeit verwandelten sich später in dichte Sträucher der Zerstörung.

Ich erlebe diesen Zusammenhang ständig im Leben meiner Patienten, und auch mir selbst ist diese Wahrheit nicht fremd. Erlauben Sie mir, Ihnen ein Beispiel aus meinem eigenen Leben und dem eines Patienten zu geben, um diesen Aspekt deutlich zu machen.

In der Grundschule war ich fasziniert von unanständigen Ausdrücken (wie die meisten kleinen Jungen). Mit „fasziniert" meine ich, daß ich eine kindliche Neugier verspürte, welche Wörter als unanständig galten und warum. Meine Eltern und Lehrer ermahnten mich, solche Wörter nicht zu gebrauchen, aber da ich sah, was für Reaktionen ich den Leuten dadurch entlocken konnte, blieb ich „fasziniert" von ihrer Macht und Wirkung. Als Kompromiß *dachte* ich einfach eines dieser Fluchwörter, wenn ich mich ärgerte. Schließlich stumpfte ich jedoch ab und fing an, in Gegenwart meiner Freunde hin und wieder unanständige Wörter zu benutzen, einfach um mich ein bißchen hervorzutun oder die Aufmerksamkeit auf mich zu lenken. Es machte mir Spaß, ihre Reaktionen zu beobachten.

Wie Sie sich denken können, hatte sich das Problem des Fluchens bis zur High School verschlimmert. Ich war so weit, daß ich ziemlich regelmäßig unanständige Wörter gebrauchte, wann immer der Anlaß es zu erfordern schien. Der Fluch ging mir schnell über die Lippen, wenn ich wütend war oder einfach bemerkt werden wollte. Als Sportfanatiker hielt ich es für männlich, auf dem Spielfeld zu fluchen. Manchmal veranstalteten die anderen Jungs und ich sogar Wettkämpfe, um unsere Männlichkeit zu beweisen, indem wir herauszufinden versuchten, wer das vulgärste Mundwerk hatte.

Auf dem College war es nicht besser, und wenn mir die unanständigen Wörter je ausgingen, dann waren meine Freunde stets eine bereitwillige Quelle neuer Ausdrücke, die ich noch nicht kannte. So setzte sich mein Gebrauch vulgärer Sprache fort, normalerweise nur bei mir selbst, aber manchmal auch in Gegenwart anderer.

Nach dem Studium begriff ich allmählich, wie schädlich das Fluchen für meine Selbstachtung, meinen Ruf unter Kollegen und meine Rolle als Ehemann und Vater sein konnte. Ich traf eine bewußte Entscheidung, damit aufzuhören. Das Problem war nur, daß ich mir über zwanzig Jahre lang angewöhnt hatte zu fluchen, ohne darüber nachzudenken. Oft reagierte ich mit Fluchen auf eine Situation, bevor ich auch nur eine Chance hatte, meine Gedanken oder Worte zu kontrollieren.

Mittlerweile bin ich weit über dreißig, und es macht mir immer noch Mühe, keine vulgären Ausdrücke zu benutzen. Häufiger, als ich zugeben mag, ertappe ich mich dabei, daß ich über Situationen und Leute fluche, ohne es überhaupt zu merken. Wenn ich wütend genug bin, werfe ich den Leuten sogar direkt Schimpfwörter an den Kopf. Mir ist, als habe ich in solchen Augenblicken meine Worte nicht unter Kontrolle.

Letztes Jahr trainierte ich im Fitness-Studio an einem Übungsgerät. Ein Mann, den ich noch nie gesehen hatte, trat an mich heran und fragte, wie lange ich das Gerät noch benutzen würde. Ich sagte: „Mindestens noch fünfzehn Minuten." Das machte ihn wütend, und als er sich umdrehte, warf er mir ein nicht druckfähiges Wort an den Kopf. Erhitzt und erschöpft vom Training fiel ich instinktiv in mein altes Verhalten zurück und rief ihm dasselbe Wort hinterher. Wenn mir nicht sofort bewußt geworden wäre, was ich gesagt hatte, und ich mich nicht entschuldigt hätte, wäre es vielleicht zu Handgreiflichkeiten gekommen. Lächerlich, nicht wahr? Und doch ist es passiert. Ich schäme mich für den Vorfall, aber er unterstreicht nur, daß ich als Erwachsener immer noch die schlechten Früchte ernte, die ich früher gesät habe.

Viele Leute halten Fluchen nicht für schlimm – ich sehe das anders und glaube nicht, daß reife Erwachsene es nötig haben, vulgäre Ausdrücke zu benutzen. Und ich will ein reifer Mensch sein, also kämpfe ich gegen dieses Problem, das ich bis heute nicht vollständig lösen konnte. Was in meiner Kindheit als scheinbar harmlose Faszination für vulgäre Sprache begann, wuchs sich in der Schulzeit zum gewohnheitsmäßigen Fluchen aus und ist bis heute ein Problem geblieben, das ich noch mit mir herumschleppe. Ich komme jetzt besser damit zurecht, aber los bin ich diese peinliche Gewohnheit noch nicht.

Viele Dinge sehen zunächst harmlos aus, verfestigen sich aber im Laufe unseres Lebens immer mehr, bis sie uns schließlich tief eingeprägt sind. Auch wenn wir nicht immer öffentlich für negative Gewohnheiten bezahlen müssen, sind verminderte Reife, Verlust der Selbstachtung und moralischer Niedergang der Preis, den wir zu zahlen haben. Und wenn das Problem öffentlich sichtbar wird, kommen noch Peinlichkeit und Scham dazu. Werfen Sie einen Blick in mein Sprechzimmer, damit ich Ihnen zeigen kann, was ich meine.

Wenn der Zweig gebogen wird

Hank kam zu mir, weil er ein Problem mit Pornographie hatte. Häufig lieh er sich sexuell ausschweifende Videos und kaufte Magazine für „Erwachsene“, wenn seine Frau einen Tag oder ein Wochenende außer Haus war. Hanks zwanghaftes Verlangen nach pornographischen Videos oder schlüpfrigen Zeitschriften war so stark, daß er das Gefühl hatte, nichts dagegen unternehmen zu können.

Weil er feste religiöse Wertvorstellungen hatte, litt Hank unter starken Schuldgefühlen und großer Scham wegen seines Pornographie-Problems. Er verbarg es vor seiner Frau und seinen Freunden und hatte riesige Angst davor, beim Kauf pornographischer Artikel gesehen zu werden. Selbst wenn in dieser Hinsicht alles „glatt" ging, fühlte sich Hank „schmutzig" und verlor eine Menge Selbstachtung. Er hoffte, durch die Beratung einen Ausweg aus diesem Konflikt zu finden. Während einer unserer ersten Sitzungen forschten Hank und ich nach den Ursprüngen seines Problems.

„Hank, können Sie mir sagen, wie weit Ihr Problem mit Pornographie zurückreicht."

„Nun, ich weiß noch, daß einige der älteren Kinder in unserer Nachbarschaft ein paar Porno-Magazine herumzeigten, als ich noch ganz klein war", erinnerte sich Hank. „Ich wußte nicht, worum es ging, also schaute ich mir die Bilder einfach an."

„Wie alt waren Sie damals?" fragte ich.

„So um die fünf oder sechs, älter bestimmt nicht."

„Woran erinnern Sie sich noch?" hakte ich nach.

Hank grübelte angestrengt und rieb sich das Kinn.

„Hm, in einem Geschäft in der Nachbarschaft war ein Zeitschriftenständer. Viele der Illustrierten hatten provozierende Titelbilder mit spärlich bekleideten Frauen. Ich ging öfter dorthin und tat so, als interessiere ich mich für die neuen Sportmagazine, aber in Wirklichkeit schaute ich mir die Sex-Magazine an. Manchmal, wenn der Verkäufer mit einem Kunden beschäftigt war, griff ich nach einer der Zeitschriften und blätterte sie schnell durch, um mir alle Bilder anzuschauen."

„Sonst noch irgendeine Erinnerung?"

„Nun, ja", sagte Hank, „zu Hause gab es auch eine Versuchung. Mein Vater bewahrte einen Stapel Männerzeitschriften in seinem Schrank auf, und wenn meine Eltern nicht zu

Hause waren, schlich ich in ihr Zimmer und schaute mir diese Magazine an. Ich achtete immer darauf, sie genau so wieder hinzulegen, wie ich sie vorgefunden hatte. Ich hatte eine Heidenangst davor, daß mein Vater etwas merken könnte, aber er sagte nie etwas."

„Ging das lange so?" fragte ich.

„Oh, sicher, jahrelang", gab Hank zu. „Ich dachte ziemlich oft an diese Zeitschriften. Als ich älter wurde und meine Eltern abends ausgingen, fand ich das toll, weil ich stundenlang mit diesen Magazinen allein zu Hause sein konnte. Ich war schon damals ziemlich besessen davon."

„Wie alt waren Sie da?"

„Als ich die Magazine entdeckte, war ich ungefähr zehn", sagte Hank, „und dann schlich ich jahrelang immer wieder zum Schrank, um sie mir anzuschauen. Als ich in die Pubertät kam, hatte ich das Gefühl, über dem Sex den Verstand zu verlieren; ich konnte scheinbar an nichts anderes mehr denken. Ich versuchte, mich sportlich zu betätigen, und das half ein bißchen, aber nach dem Training kehrten meine Gedanken sofort wieder zum Sex zurück."

„Haben Sie je daran gedacht, mit Ihrem Vater über dieses Problem zu reden?"

Hank zuckte zusammen. „Puh! Mit meinem Vater? Machen Sie Witze? Mein Vater hat nicht ein einziges Mal von Mann zu Mann mit mir über Sex oder Mädchen oder so gesprochen. Nein, keiner von uns hat das Thema je zur Sprache gebracht."

„Es scheint, daß Sie und Ihr Vater das gleiche Problem hatten, aber nie offen darüber sprachen", antwortete ich. „In gewisser Hinsicht ist da also der Apfel nicht weit vom Stamm gefallen."

„In späteren Jahren wurde mir das bewußt, aber nicht, solange ich noch ein Kind war", antwortete Hank. „Damals unterhielten sich die Jungs in der Schule über Mädchen. Wir erzählten einander beim Umkleiden alles mögliche, damit die anderen dachten, wir wüßten genau über Sex Bescheid. Als wir unsere Führerscheine hatten, versuchten wir in Filme hineinzukommen, die erst ab achtzehn Jahren freigegeben waren. Offenbar haben wir uns ständig nur über Sex unterhalten. Die meisten von uns hatten inzwischen feste Freundinnen, und wir machten alle Petting. Wir gaben eine Menge an, aber in Wirklichkeit wußten wir nicht so viel."

„Und nach der High School? Ging das so weiter?"

„Allerdings", sagte Hank. „Ich teilte einen Schlafraum mit zwei anderen, die sich Porno-Magazine kauften und herumzeigten. Ich kaufte auch welche. Damals gab es noch keine Videos."

„Sie waren inzwischen volljährig, nicht wahr?"

„Ja. Ich konnte mir kaufen, was ich wollte, und manchmal fuhren wir zehn Meilen in den nächsten Ort, um uns in einem schmierigen Kino Sexfilme anzusehen. Damals gab es dort auch Autokinos, und da liefen am Wochenende manchmal Doppelvorstellungen mit Sexfilmen. Mir wurde klar, daß ich nach dem Zeug süchtig war, als ich an einem Wochenende niemanden fand, der mit mir fahren wollte, und ich allein ins Autokino fuhr."

„Sie müssen sich dabei ziemlich einsam gefühlt haben", meinte ich.

„Das stimmt", sagte Hank. „Aber das Traurige ist, daß ich gerne allein war, wenn ich mir Pornos ansah. In meiner Phantasie war ich dann der Mann, nach dem all diese sexy Mädchen verrückt waren. Es war aufregend, eine Art Flucht, und manchmal half es mir tatsächlich, mich weniger einsam zu fühlen. Wenigstens für ein paar Stunden."

„Breiteten sich diese Phantasien jemals bis ins wirkliche Leben aus?"

„So nach und nach schon", gab Hank zu. „Ich fing an, die Mädchen neben mir in der Vorlesung oder auf dem Campus anzustarren, und ich spürte eine heimliche Begierde nach ihnen. Manchmal, wenn ich mit einem netten Mädchen ausging, machte ich irgendwelche zweideutigen Bemerkungen. Normalerweise kam das nicht sehr gut an. Einmal fing ich mir sogar eine Ohrfeige ein. Wenn ich heute auf diese Zeit zurückblicke, wird mir klar, warum manche Frauen der Meinung sind, daß Männer immer nur an Sex denken. Bei jemandem wie mir war das nicht allzu weit von der Wahrheit entfernt."

„Wie ging es weiter, als Sie das College hinter sich hatten?"

„Ich bekam einen Job, der mich hierher nach Texas führte", erklärte Hank, „aber ich kannte keine Menschenseele außer den Kollegen. Abends war ich einsam und empfand meine Wochenenden als reinste Folter. Also griff ich auf das einzige Mittel gegen Einsamkeit und Langeweile zurück, das mir bisher immer geholfen zu haben schien, und kaufte mir Sexmagazine. Inzwischen gab es auch Pornovideos, die man sich zu Hause anschauen konnte. Manchmal saß ich den ganzen Tag auf heißen Kohlen und wartete auf den Feierabend, um endlich in den Videoladen gehen und mir ein paar Pornostreifen ausleihen zu können. Vorher war ich immer ganz wild darauf, aber nachdem ich mir die Videos angesehen hatte, überkam mich wieder die Einsamkeit. Ich fühlte mich leer."

„Was geschah, nachdem Sie hier ein paar Leute kennengelernt hatten?" fragte ich. „Hat Ihnen das geholfen, besser gegen diese Sucht nach Pornographie anzukämpfen?"

„Ein wenig. Besonders, nachdem ich ein paar Mädchen kennengelernt hatte und ab und zu ausging. Da konnte ich endlich an etwas anderes denken. Aber es kam immer noch vor, daß ich mit niemandem ausgehen konnte, und dann griff ich wieder zur Pornographie. Es wurde zu einem Zwang, den ich nicht mehr beherrschen, geschweige denn überwinden konnte."

„Schließlich heirateten Sie jedoch. Half Ihnen das?"

Hank senkte den Kopf. „Ich dachte, es würde helfen, aber vielleicht habe ich zuviel erwartet. Ich meine, unser Sexleben und so ist schon okay, aber in meinem Kopf schwirren unzählige Bilder von Frauen herum, die ich mir in Magazinen und Videos angeschaut habe. Das lenkt mich ab, und ihr gegenüber ist es unfair. Ich merke, daß ich mir Abwechslung wünsche, aber eine einzige Frau kann unmöglich so vielseitig sein wie ein ganzer Laden voller Videos. Also lande ich immer wieder bei der Pornographie, wenn ich Abwechslung will, und das verstärkt das Problem nur noch. Der Sex mit meiner Frau erscheint mir dadurch weniger begehrenswert. Sie muß den Eindruck haben, daß ich sie nicht liebe und sexuell nicht attraktiv finde, und sie versucht auch, mit mir darüber zu reden, aber ich bringe es einfach nicht fertig, ihr zu sagen, was hinter ihrem Rücken immer vor sich gegangen ist."

„Sie haben Angst, daß sie verletzt und zornig sein wird", sagte ich.

„Das wird sie zweifellos", beharrte Hank. „Es würde sie schockieren und ihr das Herz brechen, und sie würde es nie verstehen. Ich kann mir nicht vorstellen, ihr je von meinem ‚verborgenen' Leben zu erzählen."

„Am meisten fürchten Sie, ihren Respekt zu verlieren, nicht wahr? Sie möchten das positive Bild bewahren, das sie von Ihnen hat."

„Sicher. Jeder Ehemann wünscht sich, daß seine Frau ihn respektiert. Sie hält mich für einen moralisch völlig integren Mann, und diese Meinung möchte ich nicht erschüttern, obwohl alles nur Fassade ist. Und das ist der Grund, warum ich zu Ihnen komme: Ich werde allein nicht damit fertig. Ich brauche Hilfe, eine Menge Hilfe."

„Sie haben einen positiven Schritt getan", beruhigte ich Hank. „Ich weiß, daß Ihr Kampf gegen die Pornographie schwer ist. Aber wenn die Liebe zu Ihrer Frau stark genug war, Sie zu motivieren, hierherzukommen und sich helfen zu lassen, dann sind Sie vielleicht nicht so weit von dem Bild entfernt, das sie von Ihnen hat, wie Sie meinen."

Hank hob den Kopf und lächelte kaum merklich. Ich spürte, daß er sich ermutigt fühlte und froh war, in die Beratung gekommen zu sein.

„Die Ursprünge Ihres Konfliktes reichen bis in Ihre frühe Kindheit zurück", sagte ich Hank. „Indem Sie sich die Bilder in den Magazinen anschauten, gehörten Sie zur Gruppe der Betrachter und waren nicht allein. Es tat gut, zur Clique zu gehören. Als Sie dann alt genug waren, um durch diese Bilder sexuell angeregt zu werden, verstärkte sich Ihr Wunsch noch, Pornographie zu einem Teil Ihres Lebens zu machen. Sie gaben diesen Gefühlen so häufig nach, daß die Gewohnheit sehr tiefe Wurzeln schlagen konnte. Heute werden Sie von dieser Sucht beherrscht und haben viel an Selbstwertgefühl und Selbstachtung eingebüßt."

Hank dachte über meine Worte nach und nickte dann zustimmend. „Ja, Sie haben den Nagel ziemlich genau auf den Kopf getroffen. Also, was soll ich dagegen tun?"

„Ich will Ihnen nichts vormachen", sagte ich offen. „Sie haben dieses Problem so viele Jahre lang Wurzeln schlagen lassen, daß es schwierig sein wird, es zu überwinden. Das ist sicher nicht gerade das, was Sie zu hören hofften, aber es ist nun einmal die Wahrheit. Wir alle ernten, was wir gesät haben, im Guten wie im Schlechten. Bei Ihnen ist durch das Säen all dieser Gedanken und Verhaltensweisen im Laufe der Jahre eine starke Gewohnheit entstanden, die sogar zur Sucht geworden ist."

Hank ließ sich das einen Augenblick durch den Kopf gehen und meinte dann: „Mir ist nie der Gedanke gekommen, meine Sucht könnte die Frucht dessen sein, was ich gesät habe, aber ich glaube, Sie haben recht. Jedesmal, wenn ich mir ein Magazin kaufte oder ein Video auslieh, fügte ich ein paar Saatkörner hinzu. Und jetzt ernte ich die negativen Früchte. In Wirklichkeit bin ich in all den Jahren, als ich glaubte, niemand hätte mich in den Pornoläden ‚erwischt', nicht unbehelligt davongekommen. Wenn ich dieses Problem wirklich hätte überwinden wollen, dann hätte ich *mich selbst erwischen* müssen."

„Das mag sein", sagte ich, „aber bevor Sie sich nur noch selbst kasteien, möchte ich darauf hinweisen, daß Sie die ganze Zeit über nicht gerade viel Unterstützung erhielten. Indem Ihr Vater Sexmagazine aufbewahrte, hieß er die Pornographie stillschweigend gut. Außerdem sind Sie in einer Kultur aufgewachsen, die Frauen häufig als eine Art sexuelles Spielzeug behandelt, was Ihnen ebenfalls signalisierte, daß es in in Ordnung sei, Frauen als pornographische Objekte zu betrachten."

Ich ließ das wirken und fügte dann hinzu: „Es gibt noch eine Reihe anderer Faktoren, aber Sie verstehen schon, worauf ich hinauswill. Sicher, Sie haben während der ganzen Zeit selbst die Entscheidung getroffen und sind dafür verantwortlich. Aber Sie standen auch ziemlich ohne Hilfe da."

Ich versuchte einige Minuten lang, ihm den feinen Unterschied zwischen persönlicher Verantwortung und Beeinflußung von außen zu verdeutlichen.

„Ich weiß zu schätzen, was Sie mir sagen wollen", nickte Hank. „Die Einstellung meines Vaters zum Sex war mir wirklich nicht gerade eine Hilfe. Und in einem sexbesessenen Land wie Amerika aufzuwachsen hat das Feuer wahrscheinlich nur noch mehr geschürt. Aber ich komme trotzdem nicht an der Tatsache vorbei, daß ich falsche Entscheidungen getroffen habe."

„Sie leiden heute unter den Folgen Ihrer früheren Entscheidungen. Ich hoffe, daß Sie es bei dieser Strafe bewenden lassen und Ihre Bemühungen darauf richten können, das Problem zu verstehen und zu lernen, wie Sie es bekämpfen können."

Der langwierige Kampf

Genau das hat Hank seither mit einigem Erfolg getan, und er bekämpft seine Sucht, so gut er nur kann.

Wir haben uns weiter mit seinem Hintergrund beschäftigt und nachgeforscht, was seine Ansichten über Frauen, Sex und Liebe geprägt hat. Außerdem haben wir viel Zeit damit verbracht zu untersuchen, wie er Pornographie benutzte und immer noch benutzt, um vor Einsamkeit und Langeweile zu fliehen. Schließlich haben wir analysiert, wie die Pornographie seinem narzißtischen Bedürfnis entgegenkam, im Mittelpunkt der Aufmerksamkeit zu stehen.

Diese Bemühungen haben Hank geholfen, seinen Konflikt in ehrlicherem Licht zu sehen und mehr Selbstbeherrschung zu entwickeln. Er weihte einen engen Freund, der ebenfalls Schwierigkeiten in diesem Bereich hatte, in sein Problem ein. Ähnlich wie bei den Anonymen Alkoholikern einigten sich Hank und sein Freund darauf, regelmäßig über ihr Problem zu sprechen und einander im Kampf gegen diese Sucht zu ermutigen.

Die meisten von uns könnten eine ähnliche Geschichte erzählen; bei Hank war es Pornographie, bei uns ist es vielleicht irgend etwas anderes. Worum es mir in diesem Kapitel geht, ist, daß viele unserer Probleme einfach die langfristige oder unmittelbare Konsequenz ungesunder Gedanken oder Handlungen sind, die wir „gesät" haben. Wie das Zitat am Anfang dieses Kapitels andeutet, sind wir uns selbst oft der ärgste Feind, indem wir ziemlich üble Gedanken und Handlungen säen, die später ziemlich schmerzhafte und destruktive Auswirkungen haben.

Die Beispiele in diesem Kapitel beziehen sich auf negatives Säen und Ernten, aber die Kehrseite dieser Wahrheit gilt ebenso: Jeder von uns kann positive Gedanken und Handlungen säen und die heilsamen Folgen ernten. Wer gesunde Bewegungsgewohnheiten sät und sich daran hält, wird sein ganzes Leben lang Sport treiben und gesund bleiben. Der ursprüngliche „Same" mag winzig sein, doch wir können ihn durch unsere persönliche Entscheidung beständig nähren, bis er zu einem großen Halm wächst und in unserem Leben höchst positive Früchte trägt.

Menschen können Wahrheit in ihrem Denken säen und großen emotionalen Nutzen daraus ziehen. Das ist das zentrale Thema dieses Buches. Die Herausforderung besteht jedoch darin, wirklich die Wahrheit zu säen und ausreichend zu bewässern, damit sie ihre Früchte tragen kann.

Benutzen Sie ein Wahrheitsserum

Auch in diesem Kapitel möchte ich Sie wieder auffordern, von Ihrem TRUTH-Tagebuch Gebrauch zu machen, allerdings auf eine Weise, wie Sie es vielleicht nicht erwarten: Diesmal sollen Sie in der Zeit zurückgehen.

Vielleicht gibt es eine Schwierigkeit in Ihrem Leben, die Ihnen größere Probleme bereitet als alles andere. Setzen Sie sich mit Ihrem Tagebuch hin und notieren Sie, wann dieses Problem Ihrer Meinung nach zum ersten Mal in Ihrem Leben auftrat und wie es sich weiterentwickelte. Fügen Sie hinzu, was Sie in der Vergangenheit dagegen unternommen haben und warum diese Bemühungen vielleicht nicht den erhofften Erfolg brachten. Danach notieren Sie, auf welche Weise dieses Problem sich auch heute noch in Ihrem Verhalten oder Denken manifestiert.

Sobald Ihre Tagebucheintragungen vollständig sind, wenden Sie das TRUTH-System auf Ihr Problem an. Untersuchen Sie, welche Emotionen sich dabei einstellen, was Sie als die „Wahrheit" darüber erkennen und wie Sie anfangen können, in emotional gesunder Weise darauf zu reagieren.

Wenn sich diese Übung als zu schwierig erweist oder die in den vorausgegangenen Kapiteln gestellten Aufgaben Ihnen zu schwer waren, möchte ich Sie ermutigen, eine kompetente Beratung in Anspruch zu nehmen. Bis zu einem gewissen Grad können Sie sich allein bemühen, die Wahrheit zu erkennen, zu glauben und zu praktizieren, oft ist aber auch professionelle Hilfestellung ratsam.

Suchen Sie eine Reihe von Lebensberatern zu einer Einzelsitzung auf, um sich ein Bild von ihnen zu machen. Fragen Sie sie, welche Wahrheiten ihrer Meinung nach für emotionale Gesundheit am wichtigsten sind. Hören Sie sich an, ob sie in der Lage sind, die Wichtigkeit der Wahrheit für die Gestaltung eines emotional gesunden Lebens auszudrücken. Dann suchen Sie sich den besten aus.

Eine kompetente Beratung kann Ihnen helfen, Ihre Abwehrmechanismen zu durchbrechen und zu erkennen, was die Wahrheit ist. Sie brauchen über die Lügen, die Sie glauben, und ihre schmerzhaften Auswirkungen auf Ihr Leben nicht im Dunkeln zu bleiben. Es wäre ein kluger Schritt, sich einen kompetenten, professionellen „Begleiter" zu suchen, der Ihnen hilft, die Wahrheit zu entdecken.

Außerdem möchte ich Ihnen empfehlen, Seminare und Vorträge über emotionale Gesundheit zu besuchen, um verschiedene Gesichtspunkte zu einem Thema zu sammeln und Ihre eigene Sicht im Laufe der Zeit zu verfeinern. In Kliniken, Universitäten, Krankenhäusern, beim Roten Kreuz und anderen Institutionen werden unzählige Seminare angeboten. Hören Sie sich an, was die führenden Experten zu sagen haben, und nutzen Sie diese Information, um Ihr eigenes Denken über Wahrheit und emotionale Gesundheit zu überprüfen.

Dritter Teil:

Die Wahrheit tun und endgültige Wahrheit finden

Wie Sie mit Hilfe der Wahrheit emotionale Gesundheit erzielen

Üben wir unseren Geist darin, das zu begehren, was die Situation erfordert. Seneca

Am Anfang dieses Buches sagte ich, daß die Hingabe an die Wahrheit die wichtigste Bedingung für emotionale Gesundheit sei. In den folgenden Kapiteln untersuchte ich das, was ich als die zwölf wichtigsten Wahrheiten für ein emotional gesundes Leben betrachte, und nannte Ihnen Möglichkeiten, Ihre neu erworbenen Kenntnisse in die Praxis umzusetzen. In diesem Kapitel möchte ich Ihnen einen breiteren Überblick über die wichtigsten Elemente einer Hingabe an die Wahrheit vermitteln und Ihnen eine Liste zusätzlicher Wahrheiten vorstellen, die Sie selbst überprüfen können. Sie können durch das, was Sie in diesem Buch gelernt haben, Ihre eigene Fortsetzung zu *Du kannst es nicht jedem recht machen* schreiben.

Wenn Sie die Übungen in den vorausgegangenen Kapiteln mitgemacht haben, konnten Sie inzwischen neue Fertigkeiten zur Entdeckung der Wahrheit entwickeln. Doch die Tatsache, daß dieses Buch zu Ende geht, bedeutet noch nicht, daß Sie diese Fertigkeiten jetzt weniger brauchen. Schließlich wollen Sie nicht wie jemand sein, der einen Vortrag über den Umgang mit Finanzen hört und die Ratschläge zwar kurz ausprobiert, dann aber nicht dabei bleibt. M. C. Richards drückte es einmal so aus: „Niemand soll sich vormachen, die Kenntnis eines Weges sei ein Ersatz dafür, einen Fuß vor den anderen zu setzen.“

Unterhalten wir uns also in diesem Kapitel noch ein wenig

darüber, wie wir „einen Fuß vor den anderen setzen" können, um die Wahrheit zu entdecken und uns ihr zu stellen.

Die drei Schritte der Wahrheit

Vereinfacht ausgedrückt gibt es drei wichtige Schritte, um die Wahrheit zur Förderung der emotionalen Gesundheit zu nutzen: (1) die Wahrheit kennen, (2) die Wahrheit glauben und (3) die Wahrheit tun. Ich möchte jeden dieser Schritte kurz erörtern und Ihnen dann eine Reihe von Möglichkeiten vorstellen, um kräftig „voranzuschreiten".

So banal es auch klingen mag, der erste Schritt besteht darin, die Wahrheit zu *kennen.* Damit meine ich, daß Sie etwas als wahr entdeckt haben und es in Ihrem Denken auch als wahr anerkennen. In meiner Praxis kommt es oft vor, daß ein Patient diesen Schritt zum Teil schon vollzogen hat, bevor er zu mir in die Beratung kommt. Er weiß vielleicht, daß Irren menschlich ist, aber noch nicht, daß die Tugend im Kampf liegt, nicht im Preis, oder daß es kam, wie es kommen mußte. Er kennt die Wahrheit nicht so vollständig, wie es notwendig wäre. Diese Person hat Wissenslücken, die mit Wahrheit gefüllt werden müssen.

Der zweite Schritt, um die Wahrheit zur Förderung der emotionalen Gesundheit zu nutzen, besteht darin, die Wahrheit zu *glauben.* Ich spreche hier davon, daß man vom bloßen „Kopfwissen" zu einem echten Vertrauen in die Wahrheit als etwas Gültigem übergeht – einem Vertrauen, das Sie auch zum Handeln befähigt. Viele von uns haben Schwierigkeiten mit diesem Schritt.

Eine Patientin kommt vielleicht in die Beratung und weiß durchaus, daß sie nicht jedermanns Liebe und Anerkennung gewinnen kann, versucht es aber trotzdem jeden Tag wieder. Sie kennt die Wahrheit, glaubt sie aber nicht und kann sie daher auch nicht nutzen. Es ist, als ob jemand wüßte, daß ein Auto anspringt, wenn man den Schlüssel im Zündschloß herumdreht, aber nicht genügend daran glaubt, um es tatsächlich zu tun. Er sitzt einfach da und fährt nirgendwohin.

Der dritte und letzte Schritt besteht darin, die Wahrheit zu *tun.* Hier wird die Wahrheit aktiv genutzt. Man ruht sich nicht darauf aus, die Wahrheit zu kennen und wirklich zu glauben, sondern man handelt auch entsprechend.

In unserem Beispiel würde das bedeuten, daß Sie den Schlüssel ins Schloß stecken und herumdrehen. Die Wahrheit, daß Ihre Kindheit noch nicht vorbei ist, zu „tun“, könnte bedeuten, daß Sie in einer Therapie erforschen, wie unverarbeitete Probleme der Vergangenheit heute noch Ihr Leben als Erwachsener beeinflussen. Die Wahrheit, daß Sie nicht „müssen“, zu „tun“, könnte bedeuten, bestimmte Dinge nicht zu tun, die Ihnen als Zwänge erscheinen. Bei diesem dritten Schritt nehmen Sie die Wahrheit und bestätigen sie durch die Tat.

Was ich in meiner Beratungspraxis und auch im Alltag oft erlebe, ist, daß viele Leute zwar eine gewisse Kenntnis der Wahrheit haben, aber nicht wirklich daran glauben oder danach handeln. Mit anderen Worten handelt es sich um „Kopfwissen“, das nicht durch die Erfahrung des aktiven Handelns „bewässert“ wird und so auch keine tiefen Wurzeln schlagen kann. Oft wird die Wahrheit dann beim nächsten rauhen Wind entwurzelt.

Viel zu viele von uns geben sich damit zufrieden, die Wahrheit nur zu kennen. Es ist, als wären wir Studenten, die ihr Leben lang studieren, aber nie hingehen und ihre Ausbildung beruflich nutzen. Angst vor Versagen ist vielleicht einer der Gründe, warum wir dabei stehenbleiben, aber wenn wir uns durch diese Angst davon abhalten lassen, unser Wissen anzuwenden, werden wir scheitern. Wir können es uns nicht leisten, von einem Selbsthilfebuch, Berater oder Theologen zum anderen zu gehen, um die Wahrheit herauszufinden, nur um uns dann zu weigern, sie in die Praxis umzusetzen.

Wenn eine Person die Wahrheit kennt, aber keinen Gebrauch davon macht, liegt oft eine andere, tiefere Überzeugung zugrunde, eine Halbwahrheit, ein Irrtum oder sogar eine Unwahrheit, die das Handeln dieser Person tatsächlich prägt. Zum Beispiel könnte jemand vom Verstand her wissen, daß das Leben schwierig ist, im Innern jedoch die Überzeugung hegen, daß das Leben leicht sein sollte. Das „Kopfwissen" dieses Menschen ist auf dem richtigen Weg, doch auf einer tieferen Ebene wird sein Handeln von irgendeiner falschen Annahme bestimmt. Obwohl er weiß, daß das Leben schwierig ist, weicht er jeder Schwierigkeit aus oder jammert, wenn ihm das nicht gelingt.

Sie haben sich eine Wahrheit wirklich zu eigen gemacht, wenn Sie sie *kennen, glauben* und *tun*. Wenn Sie z.B. verstandesmäßig erfassen, daß Sie sterben werden, es glauben und infolgedessen Ihr Leben auf diesem Planeten mit Begeisterung voll ausschöpfen. Sie haben sich die Wahrheit zu eigen gemacht, daß Sie ernten, was Sie gesät haben, wenn Sie dies als zutreffend erkennen, es glauben und dann gesunde Verhaltensweisen sähen, um später gute Früchte ernten zu können.

So betrachtet wird deutlich, welche hohen Anforderungen die Wahrheit an Sie stellt, denn es genügt nicht, sie nur zu kennen. Die Wahrheit verlangt uns viel mehr ab.

Während ich diese Worte schreibe, spüre ich ihren Stachel. In mancher Hinsicht bin ich auch wissensdurstig und lerne oft Wahrheiten kennen, ohne sie zu praktizieren. Auch ich mache mir die Wahrheit nicht immer völlig zu eigen und muß gelegentlich den emotionalen Preis dafür bezahlen. Ich sage das nicht, um Sie zu entmutigen, sondern um Sie wissen zu lassen, daß ich dieselben Schwierigkeiten habe wie Sie. Hingabe an die Wahrheit fällt niemandem leicht, nicht einmal jemandem wie mir, der es wagt, ein Buch darüber zu schreiben.

Die drei Schritte der Wahrheit sind: die Wahrheit *kennen* (verstandesmäßig erfassen), *glauben* (Vertrauen darauf setzen) und *tun* (danach handeln). Alle drei Schritte sind notwendig, damit Ihr Leben emotional gesund wird. Um Ihnen diesen nicht ganz leichten Weg zu erleichtern, habe ich das „Dreißig-Tage-TRUTH-Programm" entwickelt, das Sie im letzten Kapitel finden. Legen Sie sich darauf fest, dieses Programm vom ersten bis zum dreißigsten Tag konsequent durchzuführen. Die Ergebnisse werden Sie angenehm überraschen. Denken Sie daran: Wer gewinnen will, muß leiden.

Schreiben Sie Ihre eigene Fortsetzung

Wie versprochen, beende ich dieses Kapitel mit einer Liste von Wahrheiten, die Sie den „zwölf zweifelsfreien Wahrheiten für ein emotional gesundes Leben“ hinzufügen können. Überprüfen Sie sie und benutzen Sie Ihr TRUTH-Tagebuch, um aufzuzeichnen, wie Ihr Leben von ihnen beeinflußt wird. Suchen Sie in anderen Büchern nach Informationen, die Ihr Verständnis dieser Wahrheiten vertiefen können. Vergleichen Sie diese Liste mit den zwölf Wahrheiten, die wir in diesem Buch erörtert haben, und prüfen Sie, inwiefern sie vergleichbar sind oder völlig neue Aspekte enthalten. Machen Sie Gebrauch von dem, was Sie gelernt haben, um weiter zu wachsen.

Zusätzliche Wahrheiten

1. Sie können weglaufen, aber sich nicht verstecken.
2. Die Dinge sind nicht immer, wie sie scheinen.
3. Der Prozeß ist wichtiger als das Ergebnis.
4. Die Leute behandeln Sie so, wie Sie es ihnen beibringen.
5. Die meisten unserer Probleme werden niemals Wirklichkeit.
6. Sie bekommen wahrscheinlich, was Sie erwarten.
7. Glück beginnt bei der Zufriedenheit mit wenigem.
8. Ihr Leben verläuft so, wie Sie es wollen.
9. Sie können nicht alles haben.
10. Gutes kommt zu denen, die warten können.

Gibt es eine absolute Quelle der Wahrheit?

Behalten Sie eines immer im Blick – die Wahrheit; und auch wenn es scheinen mag, als entferne Sie das von der Meinung der Menschen, wird es Sie doch mit untrüglicher Sicherheit zum Thron Gottes führen. Horace Mann

Wahrheit heißt die Devise, wenn es darum geht, ein emotional gesunder Mensch zu sein. Ohne Wahrheit gibt es keine emotionale Gesundheit, mit ihr ist emotionale Gesundheit ein erreichbares Ziel. Bestimmte Wahrheiten, wie etwa die zwölf hier erörterten, spielen dabei eine wichtigere Rolle als andere. Sie zu verstehen und zu gebrauchen, ist daher besonders wichtig.

Doch am Ende dieses Buches bleibt eine ganz entscheidende Frage zu beantworten: Gibt es eine absolute Quelle der Wahrheit? Wenn es Ihnen recht ist, möchte ich Ihnen meine Antwort auf diese Frage geben, indem ich Sie ein letztes Mal mit in mein Sprechzimmer nehme.

Wo kommt Wahrheit her?

Erinnern Sie sich an meinen Patienten Bill aus dem ersten Kapitel? Als ich ihn vorstellte, hatte er Probleme mit beruflichem Streß, litt unter Schuldgefühlen wegen der Art, wie er mit der schulischen Situation seines Sohnes umgegangen war, und grollte seiner Frau, weil sie ihn drängte, ein neues Haus zu kaufen. Ich versuchte, Bill bei seinen Problemen zu helfen, indem ich ihn aufforderte, in jeder dieser Situationen die Wahrheit zu suchen und anzuwenden.

In der Therapie arbeitete Bill ziemlich hart daran, sich die Wahrheit zu eigen zu machen. Bestimmte Wahrheiten waren für ihn besonders wichtig, um seine emotionalen Konflikte zu verarbeiten, wie z.B. „Irren ist menschlich", um seine Intoleranz gegen eigene Fehler zu überwinden, oder „Sie müssen nicht", um ihn von falschen Zwängen zu befreien.

Als sich unsere gemeinsame Arbeit dem Ende zuneigte, beschäftigte uns das Thema dieses Kapitels: Gibt es eine absolute Quelle der Wahrheit? Das Gespräch verlief folgendermaßen:

„Dr. Thurman, ich glaube, ich habe in der Therapie gute Fortschritte gemacht. Zwar sind nicht alle meine Probleme verschwunden, aber ich stehe längst nicht mehr so unter Druck, es allen recht zu machen, kann mich selbst trotz meiner Fehler besser annehmen und fühle mich freier von der Schuld, die ich über die Sache mit meinem Sohn empfand."

„Sie haben hart daran gearbeitet, sich der Wahrheit zu stellen und sie auf Ihr Leben anzuwenden, Bill. Ihre Bemühungen haben sich wirklich gelohnt. Ich könnte mir keine besseren Fortschritte vorstellen."

„Etwas macht mir jedoch noch zu schaffen."

„Und das wäre?"

„Naja, wir haben gewissenhaft an der Wahrheit gearbeitet, und es hat sich zweifellos gelohnt. Aber woher soll ich eigentlich genau wissen, was die Wahrheit ist?"

„Das ist eine sehr gute Frage, Bill. Damit hatte ich auch meine Schwierigkeiten."

„Und wie haben Sie die gelöst?"

„Nun, ich weiß, daß Therapeuten es eigentlich vermeiden sollten, Patienten ihre persönlichen Ansichten aufzudrängen, aber ich möchte Ihre Frage ehrlich und direkt beantworten."

„Gut. Ich würde gern hören, was Sie denken."

„Mir wurde irgendwann klar, daß weder meine eigene Denkfähigkeit noch die anderer Leute ein besonders zuverlässiger Weg ist, um die Wahrheit zu erkennen. Was im Lauf der Geschichte ‚Wahrheit' genannt wurde, ist zu veränderlich, ebenso wie meine eigenen Vorstellungen von der Wahrheit."

„Wollen Sie damit sagen, daß Sie sich selbst oder anderen Leuten eigentlich nicht zutrauen zu wissen, was wahr ist?"

„Ja, das will ich sagen. Ich weiß, daß es ein wenig zynisch klingt, vielleicht sogar verquer. Aber die Menschen scheinen mir keine sehr gute Quelle für Wahrheit zu sein. So sehr wir uns auch auf die menschliche Vernunft und Intelligenz verlassen möchten, oft scheitern sie kläglich. Einige der schlimmsten Greuel, die die Menschheit je verübt hat, geschahen im Namen der ‚Wahrheit'. Nein, was die Wahrheit betrifft, traue ich mir selbst und anderen Menschen nicht über den Weg."

„Wer kann Ihnen denn sonst helfen, die Wahrheit zu erkennen?"

„Gott."

„So einfach soll das sein?"

„So einfach."

„Warum? Ich meine, woher wissen Sie, daß er überhaupt existiert, geschweige denn Ihnen zur Wahrheit verhelfen kann?"

„Für mich lag die Antwort im Leben Jesu Christi."

„Wie meinen Sie das?"

„Nun, es hat zwar in der Geschichte eine ganze Reihe großer Denker gegeben, die wertvolle Dinge über das Leben zu sagen hatten, aber Christus war einzigartig."

„Inwiefern?"

„Er erhob nicht nur den Anspruch, viele Wahrheiten zu kennen. Er erhob den Anspruch, die Wahrheit zu *sein*."

„Er setzte sich selbst mit der Wahrheit gleich?"

„Ja. Er machte keinen Unterschied zwischen sich selbst und der Wahrheit. Dieser Anspruch macht ihn entweder zum schlimmsten Größenwahnsinnigen aller Zeiten, oder er ist, wer er zu sein behauptete – Gott in menschlicher Gestalt."

„Und warum soll er kein Größenwahnsinniger gewesen sein? Schließlich ist das doch eine ziemlich kühne, arrogante Behauptung."

„Nicht, wenn sie wahr ist, und das ist sie meiner Meinung

nach. Ich glaube, Christus hat seinen Anspruch auf mehrfache Weise untermauert."

„Nämlich?"

„Erstens führte er ein moralisch vollkommenes Leben. Schon das unterschied ihn von allen anderen, denn niemand hat das je zuvor oder danach getan. Zweitens vollbrachte er eine Reihe von Wundern, von denen fünfunddreißig in der Bibel aufgezeichnet wurden. Kein Mensch hätte je tun können, was er getan hat."

„Zum Beispiel auf dem Wasser gehen, Wasser in Wein verwandeln und den Blinden das Augenlicht geben?"

„Genau. Auch das bestätigt aus meiner Sicht den Anspruch, den er erhob. Doch er tat etwas noch Wunderbareres, als Wunder zu vollbringen: Er kehrte aus dem Tod zurück, wie er es vorher angekündigt hatte. Auch das habe ich noch bei niemandem erlebt."

„Ich auch nicht. Sie wollen also sagen, daß er nicht nur behauptete, Gott und Wahrheit in menschlicher Gestalt zu sein, sondern diesen Anspruch auch unter Beweis stellte?"

„Ja. Für mich ist alles, was er tat, eine ziemlich beeindruckende Zusammenfassung des Titels ‚Gott', den er für sich in Anspruch nahm. Aber die Fakten, die diesen Anspruch erhärten, gehen noch über seine Sündlosigkeit, seine Wunder und seine Rückkehr aus dem Grab hinaus."

„Was denn noch?"

„Veränderte Menschenleben."

„Wie meinen Sie das?"

„Ich habe erlebt, wie Menschen sich durch ihren Glauben an Christus entscheidend verändert haben. Das ist ein Wunder, das er heute noch Tag für Tag vollbringt, obwohl er nicht mehr in seinem physischen Körper gegenwärtig ist. Er bewirkt konkrete Veränderungen im Leben von Menschen, die wirklich nur als Wunder bezeichnet werden können. Ich habe erlebt, wie Alkoholiker mit dem Trinken aufhörten, Tobsüchtige ihre Wutanfälle sein ließen und Selbstsüchtige lernten, sich für andere einzusetzen. Solche und noch viele andere Veränderungen im Leben von Menschen geschahen aufgrund ihrer Hingabe an Christus als Herrn ihres Lebens.“

„Ist das nicht irgendein religiöser Hokuspokus? Woher wissen Sie, daß sich diese Leute nicht aus anderen Gründen veränderten? Woher wissen Sie, daß es ausgerechnet die Beziehung zu Jesus Christus war, die sie veränderte?“

„Ich kann Ihnen nicht lückenlos beweisen, daß diese Veränderungen nicht auf andere Faktoren zurückzuführen waren, aber die Einblicke, die ich in das Leben dieser Menschen gewann, sagen mir, daß eine übernatürliche Macht am Werk war, nicht nur menschliches Bemühen.“

„Dann setzen Sie also großes Vertrauen auf Christus und das, was er über die Wahrheit zu sagen hatte?“

„Ja, das tue ich. Darauf beruht auch die Art und Weise, wie ich mit Ihnen gearbeitet habe.“

„Was?“

„Meine Arbeit mit Ihnen basierte auf Wahrheiten, die direkt von Gott stammen, direkt aus der Bibel.“

„Wollen Sie damit sagen, daß unsere gemeinsame Arbeit auf Aussagen der Bibel beruhte?“

„Ja.“

„Nennen Sie mir ein paar Beispiele.“

„Sicher. Ein grundlegendes Prinzip, an dem wir gemeinsam gearbeitet haben, besagt, daß Ihr Denken Ihre Reaktion bestimmt. Das stammt aus Sprüche 23,7, wo es heißt: ‚Wie ein Mensch denkt, so ist er‘ (alternative Übersetzung aus dem Hebräischen). Diese Aussage bedeutet im Grunde, daß die Art, wie Sie über eine Situation denken, einen entscheidenden Einfluß auf Ihr Verhalten hat. In verschiedenen Situationen Ihres Lebens haben Sie sich Unwahrheiten eingeredet und dafür emotional einen hohen Preis gezahlt. Als Sie anfingen, die Wahrheit zu erkennen und auf Ihre Probleme anzuwenden, ging es Ihnen emotional sehr viel besser.“

„Dann lehrt die Bibel also, daß das, was wir uns selbst sagen, im Grunde entscheidend dafür ist, wie gut wir mit Situationen umgehen können?“

„Ja, und sie legt sehr großen Wert auf die Wahrheit als ‚Brille', durch die wir das Leben betrachten müssen."

„Welche Grundlagen unserer gemeinsamen Arbeit stammten noch aus der Bibel?"

„Die konkreten Wahrheiten, die ich Ihnen vorgestellt haben, stammen alle aus der Bibel."

„Sie machen Witze!"

„Nicht im mindesten."

„Geben Sie mir Beispiele."

„Wir haben an der Wahrheit ‚Irren ist menschlich' gearbeitet, nicht wahr?"

„Ja."

„Das ist die menschliche Art auszudrücken, wovon die Bibel in Abschnitten wie Römer 3,23 spricht, wo es heißt: ‚Sie sind allesamt Sünder und ermangeln des Ruhmes, den sie bei Gott haben sollten', oder 1. Johannes 1,8, wo es heißt: ‚Wenn wir sagen, wir haben keine Sünde, so betrügen wir uns selbst, und die Wahrheit ist nicht in uns.' Die Bibel lehrt sogar, daß wir von Natur aus dazu neigen, uns selbstsüchtig und selbstzerstörerisch zu verhalten. Ein Vers, der das ziemlich gut zum Ausdruck bringt, ist Sprüche 14,12. Dort heißt es: ‚Manchem scheint ein Weg recht, aber zuletzt bringt er ihn zum Tode.'"

„Die Bibel lehrt also, daß jeder Fehler macht und daß das einfach zum Menschsein dazugehört."

„Ja, so ist es."

„Welche Wahrheiten, an den wir gearbeitet haben, stammen noch aus der Bibel?"

„Die Wahrheit ‚Sie müssen nicht' erscheint in der Bibel als die Lehre vom ‚freien Willen'. Die Bibel lehrt, daß Gott uns einen freien Willen gab und daß wir tun können, was wir wollen, zum Guten oder zum Schlechten. Wir müssen nichts tun, wenn wir es nicht wollen. Darum habe ich soviel Wert darauf gelegt, Ihnen deutlich zu machen, daß Sie kein neues Haus kaufen müssen, wenn Sie es nicht für richtig halten, auch wenn es Ihrer Frau nicht gefällt. Als Sie herkamen, taten Sie so, als hätten Sie keinen freien Willen, und ich habe Sie einfach daran erinnert, daß sie doch einen haben."

„Schön, aber was ist mit der Kindheit? Wo lehrt die Bibel etwas über die Bedeutung der frühen Kindheit?"

„Nun, da muß man schon etwas genauer hinschauen, aber ich glaube, daß auch das in der Bibel steckt. Die Bibel betont die Wichtigkeit der Wahrheit, wie ich schon erwähnte. Und die Wahrheit macht Menschen frei. Christus ging es vor allem darum, Menschen aus der Gefangenschaft der Sünde zu befreien, indem sie die Wahrheit erkannten, wer er war und wie wichtig es ist, ihm unser Leben anzuvertrauen. Aber ich glaube, daß uns die Wahrheit auch noch in anderer Hinsicht frei macht, denn sie befreit uns von unnötigem emotionalem Leiden."

„Was hat das mit unserer Kindheit zu tun?"

„In der Kindheit bildet sich unsere Sicht der Wirklichkeit heraus, und diese Denkweisen beeinflussen den Rest unseres Lebens zum Guten oder zum Schlechten, wenn sie nie ans Licht gebracht und in Frage gestellt werden. Im 5. Buch Mose ist davon die Rede, Kinder in der Wahrheit zu unterweisen, damit sie auch in ihrem späteren Leben nicht davon lassen. Die Kehrseite ist, daß Kinder, die mit Unwahrheit und verzerrten Denkweisen aufgewachsen sind, diese Prägung später nur sehr schwer ablegen können. Ich glaube, es ist ganz entscheidend, konstruktiv aufzuarbeiten, was man in der Kindheit erlebt und gelernt hat, denn das prägt unsere Sicht der Wirklichkeit. Im 1. Korintherbrief mahnt uns die Bibel, ‚kindliche' Vorstellungen und Denkweisen abzulegen, die uns davon abhalten, als Erwachsene zu leben. Und woher sollen Sie wissen, was Sie ablegen müssen, wenn Sie nicht zurückschauen und herausfinden, was Ihnen früher beigebracht wurde?"

„Was wäre ein Beispiel für eine kindliche Denkweise, die wir als Erwachsene ablegen müssen?"

„Kinder neigen dazu, alles, was ihnen widerfährt, für ihre eigene Schuld zu halten. Wir nennen das ‚egozentrisches' Denken. Wenn ein Elternteil das Kind anschreit, dann denkt es, es hätte den Elternteil dazu gebracht, es anzuschreien. Das Kind fühlt sich wegen Dingen, mit denen es eigentlich gar nichts zu tun hat, schuldig, geängstigt und sogar depressiv. Als Erwachsene denken wir oft immer noch egozentrisch. Jemand behandelt uns schlecht, und wir fragen uns, was wir falsch gemacht haben. Oft fühlen wir uns dafür verantwortlich, wie andere uns behandeln. Das ist ein irriges Denken, das aus unserer Kindheit übrig geblieben ist und durch die Wahrheit ersetzt werden muß. Die Wahrheit ist, daß ich nicht für das Verhalten und die Gefühle anderer verantwortlich bin. Diese Wahrheit verschafft mir die Freiheit, ein reiferes, emotional gesünderes Leben zu führen."

„In unserer Kindheit wird unser Denken also zum ersten Mal programmiert. Manchmal ist die Programmierung wahr, und wir können sie behalten; manchmal ist sie falsch und muß durch die Wahrheit ersetzt werden."

„Genauso ist es."

„Was für ein As haben Sie noch im Ärmel?"

„Nun, es gibt noch einen letzten Ball, den ich Ihnen zuwerfen möchte."

„Dachte ich mir. Holen Sie aus."

„Wenn es darum geht, die volle Wahrheit zu erkennen, ist menschliches Bemühen allein zum Scheitern verurteilt. Unsere Begrenztheit und unser gefallener Zustand hindern uns an einer unverfälschten Sicht der Wirklichkeit. Gott dagegen ist weder begrenzt noch durch einen gefallenen Zustand von der Wahrheit getrennt. Er ist die absolute Quelle aller Wahrheit, und wir brauchen ihn, um die volle Wahrheit zu erkennen und ewiges Leben und emotionale Gesundheit zu finden."

„Sie wollen sagen, daß ich ernsthaft über Gott als meine Quelle der Wahrheit nachdenken sollte."

„Ja, ich glaube, das sollten Sie. Ohne Gott gibt es keine absolute Wahrheit, keine beständige Möglichkeit, Zugang zur Wahrheit zu finden, und kein ewiges Leben. Das ist nicht meine Sicht der Dinge. Das ist Gottes Sicht."

„Aber wenn Gott die Wahrheit ist, warum sieht dann das

Leben von Leuten, die angeblich an Gott glauben, genauso chaotisch aus wie das anderer Leute? Mit Gott an ihrer Seite, der ihnen hilft, die Wahrheit zu erkennen und zu tun, müßten sie die gesündesten, reifsten Menschen von allen sein."

„Ich glaube, so sollte es tatsächlich sein, Bill, aber Menschen, die an Gott glauben, können in ebenso viele verzerrte Vorstellungen und Denkweisen verfallen wie jeder andere, wenn sie sich nicht ständig an die Wahrheit halten. Zu sagen, daß man an Gott glaubt, und tatsächlich Tag für Tag auf ihn zu hören und nach seinem Wort zu leben, sind zwei ganz verschiedene Dinge. Zur ersten Gruppe gehören viele Leute, zur zweiten offenbar nur wenige."

„Also das Entscheidende an der ganzen Sache mit der Wahrheit ist Gott."

„Ja, er ist das Entscheidende. Er hat Menschen dazu inspiriert, in der Bibel die grundlegenden Wahrheiten niederzuschreiben, die wir kennen müssen, um unser Leben zu gestalten. Sein Besuch auf der Erde war gewissermaßen ein letztes Ausrufezeichen hinter seiner Offenbarung, wer er ist und wie er zu uns steht. Die Wahrheit gehört Gott, und die Bibel ist sein ‚Handbuch', in dem wir studieren sollen, wie wir richtig leben können."

„Das wäre also die Antwort auf meine Frage. Man kann die Wahrheit erkennen, indem man Gott sucht und das Buch über die Wahrheit studiert, das er uns gegeben hat."

„Ja. Wie klingt das für Sie?"

„Wie etwas, worüber ich ernsthaft nachdenken sollte."

Wie steht es mit Ihnen?

Ich möchte Sie genauso herausfordern wie Bill, ernsthaft darüber nachzudenken, woher Sie Ihre Wahrheit beziehen. Verlassen Sie sich auf die menschliche Vernunft und den menschlichen Verstand, um die Wahrheit zu erkennen, oder auf die wirkliche Quelle der Wahrheit: Gott? Wenn Sie nach der Wahrheit suchen, er *ist* die Wahrheit. Suchen Sie nicht länger an Orten, wo Sie letzten Endes keine zufriedenstellende Antwort finden können. Hören Sie nicht auf Ihren eigenen Verstand. Hören Sie nicht auf die „Experten". Hören Sie auf den, von dem das Buch über die Wahrheit stammt: Gott.

Wenn Sie bereits an Gott glauben, möchte ich Sie durch die Andeutung herausfordern, daß Sie vielleicht nicht viel besser als ein Nichtgläubiger auf das hören, was Gott Ihnen zu sagen versucht. Vielleicht wissen Sie, daß Gott die Wahrheit ist, hören aber dennoch eher auf Ihre eigenen Gedanken oder die anderer Menschen, als zur wirklichen Quelle der Wahrheit zu gehen. Gottes Gedanken müssen unsere werden, sonst sind wir nicht gesünder oder reifer als diejenigen, die nicht an Gott glauben. Und wenn wir nicht gesünder und reifer sind, warum sollte sich dann ein Nichtgläubiger dafür interessieren, wem wir unser Leben anvertraut haben?

Abschließende Gedanken

In Psalm 119,30 heißt es: „Ich habe erwählt den Weg der Wahrheit." Das ist es, was ich Ihnen wünsche – daß Sie den Weg der Wahrheit als Grundlage für Ihr Leben erwählen. Daß sich dies für die emotionale Gesundheit reichlich auszahlt, steht fest. Was aber noch wichtiger ist: Der Weg der Wahrheit führt Sie zu Gott, der Quelle aller Wahrheit und des ewigen Lebens. Der Weg der Wahrheit verschafft uns alles – Frieden und Erfüllung über unser Fassungsvermögen hinaus auf der Erde und ewige Seligkeit im Himmel, die wir uns nicht einmal annähernd ausmalen können. Wählen Sie den Weg der Wahrheit, und all das steht Ihnen offen.

Das Dreißig-Tage-TRUTH-Programm

Dieses Programm wird Ihnen bei Ihrem Bemühen, die Wahrheit zu gebrauchen, um emotional gesünder zu werden, am Anfang eine Hilfe sein. Bitte bedenken Sie, daß dieses Programm nur eine Starthilfe ist und noch keine Heilung der emotionalen Probleme bedeutet, die Sie vielleicht belasten. Sie werden die Wahrheiten, die Sie gelernt haben, immer und immer wieder einüben müssen, damit Sie Ihre emotionalen Schwierigkeiten wirklich überwinden können. Es gibt keine schnellen Lösungen auf dem Weg zur emotionalen Gesundheit – lassen Sie der Wahrheit daher bitte Zeit, Ihnen zu helfen.

Erster Tag

Füllen Sie zunächst den untenstehenden „Lügen-Fragebogen" aus, um herauszufinden, auf welche Lügen Sie sich während der dreißig Tage des Programms konzentrieren müssen. Achten Sie darauf, daß Ihre Antwort widerspiegelt, was Sie wirklich denken, nicht, was Sie denken „sollten". Versuchen Sie, die neutrale Antwort (4) zu vermeiden. Wenn Sie nicht genau wissen, was mit einer bestimmten Aussage gemeint ist, können Sie den entsprechenden Abschnitt in meinem Buch *Lügen, die wir glauben* nachlesen.

Sobald Sie auf alle dreißig Aussagen geantwortet haben, gehen Sie den Fragebogen noch einmal durch und kreisen Sie alle Aussagen ein, die Sie mit 5, 6 oder 7 bewertet haben. Dies sind die Lügen, die Ihr Denken beeinträchtigen und Sie emotional unglücklich machen.

Lügenfragebogen

1	2	3	4	5	6	7
stimmt überhaupt nicht			neutral			stimmt genau

Selbstlügen:

_____ 1. Ich muß perfekt sein.
_____ 2. Alle müssen mich liebhaben.
_____ 3. Es ist leichter, Problemen auszuweichen, als sich ihnen zu stellen.
_____ 4. Ich kann nicht glücklich sein, wenn nicht alles nach meinen Vorstellungen geht.
_____ 5. Jemand anders ist schuld.

Weltliche Lügen:

_____ 6. Du kannst alles haben.
_____ 7. Du bist nur so viel wert wie deine Leistung.
_____ 8. Das Leben sollte leicht sein.
_____ 9. Das Leben sollte fair sein.
_____ 10. Warum warten?!
_____ 11. Die Menschen sind im Grunde gut.

Ehelügen:

_____ 12. Es ist alles deine Schuld.
_____ 13. Wenn es mit uns so schwierig ist, passen wir wohl nicht zusammen.

1	2	3	4	5	6	7
stimmt überhaupt nicht			neutral			stimmt genau

_____ 14. Du mußt alle meine Bedürfnisse erfüllen.
_____ 15. Du bist mir etwas schuldig.
_____ 16. Ich sollte mich nicht verändern müssen.
_____ 17. Du solltest sein wie ich.

Verzerrungslügen:

_____ 18. Aus einer Mücke einen Elefanten machen.
_____ 19. Alles persönlich nehmen.
_____ 20. Schwarzweißdenken.
_____ 21. Den Wald vor lauter Bäumen nicht sehen.
_____ 22. „Es ist immer das alte Lied!"
_____ 23. „Wenn ich es fühle, stimmt es auch!"

Religiöse Lügen:

_____ 24. Gottes Liebe muß man sich verdienen.
_____ 25. Gott haßt die Sünde und den Sünder.
_____ 26. Gott wird mich vor allem Übel bewahren.
_____ 27. Alle meine Probleme werden durch meine Sünden verursacht.
_____ 28. Es ist Christenpflicht, alle Bedürfnisse anderer zu erfüllen.
_____ 29. Ein guter Christ ist nicht zornig, besorgt oder deprimiert.
_____ 30. Gott kann mich nur gebrauchen, wenn ich geistlich stark bin.

Zweiter bis achter Tag

Gehen Sie während der nächsten sieben Tage den Lügen, die Sie glauben, auf die Spur, indem Sie ein Tagebuch führen und möglichst viele Eintragungen anhand der ersten drei Buchstaben des TRUTH-Systems machen. Notieren Sie die auslösenden Tatbestände (T) sowie Ihre ungesunden Reaktionen (U) darauf, und versuchen Sie dann herauszufinden, welche Lügen (R) aus dem Fragebogen die ungesunden Reaktionen ausgelöst haben könnten.

Nehmen wir zum Beispiel an, Sie müssen in einem Schnellimbiß zehn Minuten in der Schlange auf Ihr Mittagessen warten, und als Sie endlich zum Schalter vordringen, sagt man Ihnen, daß Ihr gewünschtes Gericht ausgegangen ist. Das ist der auslösende Tatbestand (T).

Nehmen wir weiter an, daß Sie ausgesprochen wütend werden und Ihre Wut an der Angestellten auslassen, die Sie bedient.[1]

Überlegen Sie nun, welche Lügen für Ihre Überreaktion verantwortlich sein könnten. Vielleicht haben Sie sich gesagt: „Das Leben sollte leicht sein" oder „Ich kann nicht glücklich sein, wenn nicht alles nach meinen Vorstellungen geht" oder „Warum sollte ich warten müssen?" oder „Die Bedienung ist schuld." Vielleicht haben Sie auch aus einer Mücke einen Elefanten gemacht oder die Situation persönlich genommen, als ob sie nur gegen Sie gerichtet wäre. Notieren Sie alle Lügen in Ihrem Tagebuch gleich hinter dem auslösenden Tatbestand (T) und vor der ungesunden Reaktion (U).

In unserem Beispiel könnte Ihr Tagebucheintrag etwa so aussehen:

<u>**T**atbestand:</u> In einer langen Schlange auf das Mittagessen gewartet; als ich dran war, gab es das Gericht, das ich wollte, nicht mehr.
<u>**R**eflexion/Lügen:</u> „Das Leben sollte leichter und fairer sein. Was ist mit diesen inkompetenten Idioten los? Sie machen

mich wütend. Ich wette, ich bin der einzige, dem das heute passiert. Es ist wirklich furchtbar!“
Ungesunde Reaktion: Extremer Zorn. Schrie die Person hinter der Theke an. Ließ mir von diesem Vorfall den ganzen Tag verderben.

Widmen Sie sich dieser Aufgabe sieben Tage lang. Tragen Sie Ihr Tagebuch stets bei sich und notieren Sie die auslösenden Tatbestände (T), die Reflexionen/Lügen (R) und die ungesunden Reaktionen (U) in der Reihenfolge auf, in der sie sich ereignen. Wenn Sie die Eintragungen nicht sofort machen können, versuchen Sie es möglichst bald nachzuholen.

Neunter Tag

Heute filtern Sie aus Ihrem Tagebuch die fünf Lügen heraus, die Sie sich am häufigsten einreden und denen während der übrigen einundzwanzig Tage Ihre besondere Aufmerksamkeit gelten soll. Wahrscheinlich werden Sie merken, daß Sie sich eine Menge verschiedener Lügen eingeredet haben, daß bestimmte Lügen aber häufiger auftauchen als andere und daher wahrscheinlich den größten Schaden für Ihr emotionales Wohlergehen verursachen.

Zehnter Tag

Nehmen Sie sich jede dieser fünf Lügen vor und schreiben Sie in einem kurzen Abschnitt auf, warum es sich jeweils um eine Lüge handelt und warum es besser für Sie wäre, keine davon zu glauben. Mit anderen Worten, stellen Sie jeder dieser Lügen die Wahrheit gegenüber. Zur Lüge: „Alle müssen mich liebhaben“ würde ich zum Beispiel folgendes schreiben:

DIE LÜGE: „Alle müssen mich liebhaben"

Ich habe noch nie jemanden getroffen, der wirklich bei allen Liebe und Anerkennung erfuhr, und bei mir selbst ist es auch nicht anders. Schon daher weiß ich also, daß dieses Bedürfnis fehlgeleitet ist. Außerdem habe ich wie jeder Mensch gewisse Fehler und Schwächen, die andere Leute nicht lieben werden, weil sie eben nicht liebenswert sind.

Und selbst wenn mich alle anerkennen würden, wäre jemand dabei, den ich nicht mag oder anerkenne. Das will ich eigentlich gar nicht. Ich will oder brauche eigentlich keine Wertschätzung von Leuten, die ich nicht respektiere oder mag.

Schließlich kostet es viel zuviel Energie zu versuchen, von allen anerkannt zu werden. Es laugt mich aus und macht mich ängstlich. Am besten trachte ich nur nach der Liebe und Anerkennung der Menschen, die mir nahestehen, und achte weniger auf die Zustimmung der anderen. Wenn auch sie mir Wertschätzung entgegenbringen, kann ich mich freuen. Wenn nicht, muß es mir auch ausreichen.

Nehmen Sie jede der fünf häufigsten Lügen, die Sie glauben, in dieser Weise unter die Lupe. Verwenden Sie jedes realistische Argument, das Sie finden können, um diese Lügen zu widerlegen. Schreiben Sie so konkret wie möglich auf, warum diese Lügen Lügen sind und inwiefern sie Ihrem emotionalen Leben Schaden zufügen.

Elfter bis siebzehnter Tag

Während der nächsten sieben Tage konfrontieren Sie Ihre Lügen mit der Wahrheit, indem Sie alle Buchstaben des TRUTH-Systems einsetzen. Wie vom zweiten bis zum achten Tag machen Sie Tagebucheintragungen über die auslösenden Tatbestände (T), Reflexionen/Lügen (R) und ungesunden Reaktionen (U), stellen den Lügen, die Sie sich im R-Stadium einreden, diesmal jedoch die Wahrheit (das zweite T für „Truth") gegenüber. Versuchen Sie, möglichst viele der in diesem Buch erörterten Wahrheiten gegen Ihre Lügen ins Feld zu führen. Zeichnen Sie unter „H" auch auf, ob Sie positive Veränderungen Ihrer physiologischen, emotionalen und verhaltensmäßigen Reaktion feststellen.

Um Ihnen bei dieser Aufgabe zu helfen, gebe ich Ihnen noch ein Beispiel, wie Sie eine Situation mit Hilfe des TRUTH-Systems analysieren können:

Tatbestand: Ein enger Freund verbringt immer mehr Zeit mit jemand anderem. Er ruft kaum noch an, seit sein neuer Bekannter zu einem Freund geworden ist.
Reflexion/Lüge: „Man kann sich auf keine Freundschaft verlassen. Diese Person hat sich nie wirklich für mich interessiert. Mein Freund wäre mir Loyalität schuldig. Er hat mich nur ausgenutzt, bis sich eine bessere Freundschaft ergab. Ich werde nie wieder einen engen Freund finden. Ich werde nie darüber hinwegkommen. Ich bin nicht gut genug, um echte Freunde zu finden oder zu halten. Das Leben stinkt mir."
Ungesunde Reaktion: Fühle mich sehr verletzt, abgelehnt. Bin niedergeschlagen. Isoliere mich von anderen, esse zuviel und lasse meine Wut an Familienmitgliedern ab.
Truth/Wahrheit: „Das Verhalten meines Freundes verletzt mich natürlich, aber daß er mehr Zeit mit jemand anderem verbringt, heißt nicht, daß ich ihm nichts bedeute oder kein guter Freund bin. Ich habe keinen Anspruch auf absolute Loyalität, auch nicht von meinem engsten Freund. Ich weiß, daß Freundschaften sich verändern, ja sogar aufhören können, aber deswegen ist mein Leben noch keine Katastrophe. Ich brauche nicht den Rest meines Lebens über dieses Ereignis zu trauern. Das Leben kann schwierig sein, und in diesem Fall ist es so. Ich kann meinem Freund mitteilen, was ich empfinde, und sehen, wie er darauf reagiert. Vielleicht will er immer noch mein Freund sein, und wir können unsere Freundschaft in guter Weise fortsetzen. Auch wenn das nicht der Fall sein sollte, hat sich die Mühe gelohnt, es wenigstens zu versuchen, statt die Freundschaft einfach aufzugeben. Falls ich einen Freund verloren habe, werde ich den Schmerz

zulassen, mich aber nicht völlig davon abhängig machen. Ich kann noch andere Freundschaften aufbauen und genießen."
Heilsame Reaktion: Die Gefühle der Verletzung, Ablehnung und Niedergeschlagenheit lassen nach, aber ich bin immer noch ein wenig isoliert und esse noch zuviel. Der Zorn gegen die Familie läßt nach, und ein gewisser Optimismus, daß ich die Situation konstruktiv verarbeiten kann, stellt sich ein.

Sie werden in diesen sieben Tagen vielleicht feststellen, daß die Wahrheit zwar gegen die ungesunden Gefühle hilft, sie aber nicht ganz abstellt. Sie brauchen nun einmal viel Übung darin, die Wahrheit anzuwenden, bevor Sie sich von Lügen befreien können, die sich seit Jahren verfestigt haben. Lassen Sie nicht nach, sich die Wahrheit zu sagen, nur weil sich nicht sofort der emotionale Gewinn einstellt. Sie müssen beständig bei der Wahrheit bleiben, wenn Sie den ganzen emotionalen Nutzen daraus ziehen wollen.

Achtzehnter Tag

Notieren Sie alle auslösenden Tatbestände der letzten sechs Monate, an die Sie sich noch erinnern. Dann schreiben Sie unter jedes Ereignis diejenigen Wahrheiten aus diesem Buch, die sich darauf anwenden lassen, und erläutern den Zusammenhang. Hier ein Beispiel:

Auslösender Tatbestand: Ich bekam einen Strafzettel für zu schnelles Fahren.

Diesbezügliche Wahrheiten:
1) „Irren ist menschlich." Ich habe einen Fehler gemacht. Es war nicht der erste und wird nicht der letzte sein. Jeder baut ab und zu Mist.

2) „Das Leben ist nicht so, wie es sein sollte." Da ich zu schnell gefahren bin und die Verkehrsregeln verletzt habe,

war der Strafzettel angemessen. Es wäre sinnlos, jetzt auf den Polizisten wütend zu werden; er hat nur seine Arbeit getan.

3) „Sie müssen nicht." Ich muß mich nicht an die Geschwindigkeitsbegrenzungen halten, aber dann muß ich damit rechnen, einen Strafzettel zu bekommen. Vielleicht sollte ich von jetzt an doch langsamer fahren. Ich muß auch das Bußgeld nicht bezahlen, aber ich halte es für klüger. Ich habe die Freiheit, das Bußgeld nicht zu bezahlen, aber das würde die Sache nur verschlimmern.

4) „Das Leben ist schwierig." Der Alltag bringt manchmal unangenehme Dinge mit sich, wie etwa einen Strafzettel für zu schnelles Fahren.

5) „Was der Mensch sät, das wird er ernten." In diesem Fall wurde mein Leben schwieriger, weil ich schnell fahren wollte und dabei erwischt wurde. Ich habe geerntet, was ich gesät habe. Wenn ich in Zukunft keine Strafzettel mehr bekommen will, werde ich langsamer fahren müssen.

Auslösender Tatbestand: Meine Eltern wurden wütend, als ich beschloß, dieses Jahr die Feiertage in unserer Familie zu verbringen statt bei ihnen.

Diesbezügliche Wahrheiten:

1) „Sie können es nicht jedem recht machen." Es ist unmöglich, ständig alle zufriedenzustellen. Was ich auch getan hätte, irgend jemand wäre von mir enttäuscht gewesen. Meine Eltern sind jetzt wütend, weil wir sie nicht besucht haben, aber nur so konnten meine Frau und meine Kinder die Feiertage genießen. Ich habe die beste Entscheidung getroffen, und es sind meine Eltern, die das einfach nicht verstehen wollen.

2) „Sie müssen nicht." Ich muß mit meiner Familie nicht jedes Fest bei meinen Eltern verbringen, auch wenn sie dann verletzt und zornig sind. Ich muß nicht tun, was sie von mir wollen.

3) „Die Vergangenheit ist noch nicht vorbei." Mein Verlangen, es meinen Eltern recht zu machen, ist immer noch sehr

stark, wahrscheinlich ein emotionales Erbe aus meiner Kindheit. Ich wollte es ihnen immer recht machen, und das ist heute noch so, obwohl ich jetzt meine eigene Familie habe. Gefühle und Probleme aus der Kindheit sind nicht leicht unterzukriegen. Ich kann mich immer noch wie ein Fünfjähriger fühlen, wenn ich mit meinen Eltern zu tun habe, und mache mich oft heute noch von ihrer Anerkennung abhängig.

4) „Im Kampf liegt die Tugend, nicht im Preis." Meine Bemühungen, erwachsen und unabhängig von der Anerkennung meiner Eltern zu werden, sind das Entscheidende. Ob sie mich verstehen können, ist sekundär. Ihre Gefühle sind mir nicht egal, aber es ist weder für mich noch für sie gesund, wenn ich mich von ihren Gefühlen beherrschen oder manipulieren lasse. Ich muß auf meinen eigenen zwei Füßen stehen und die Entscheidungen treffen, die für meine Familie am besten sind, selbst wenn meine Eltern manchmal zornig reagieren.

Auslösender Tatbestand: Mein Ehepartner und ich hatten einen fürchterlichen Streit.

Diesbezügliche Wahrheiten:
1) „Irren ist menschlich." Auch wenn dies ein ziemlich großer Fehler war, solche Dinge passieren nun einmal in einer Ehe. Es war falsch, so zornig aufeinander zu werden. Es beweist, daß wir nur zu menschlich sind.

2) „Es kam, wie es kommen mußte." Da wir einander nicht richtig zugehört und uns nicht um einen Kompromiß bemüht haben, war es keine Überraschung, daß dieser fürchterliche Streit zwischen uns ausbrach. Wir haben uns nicht konstruktiv um eine Lösung bemüht, und so erwies sich der Streit als destruktiv. Es mußte einfach so kommen.

3) „Ohne Schweiß kein Preis." Solche schmerzhaften Auseinandersetzungen sind oft eine starke Motivation, besser miteinander auszukommen. Wir können durch diese schmerzhafte Erfahrung neue Einsichten gewinnen, wie unsere Kommunikationsweise uns in Schwierigkeiten bringt.

Wir können diese Situation zum Guten nutzen, wenn wir uns nur genug darum bemühen.

4) „Die Vergangenheit ist noch nicht vorbei." Unser Streit hatte große Ähnlichkeit mit den Konflikten unserer Eltern. Leider haben wir durch das Beispiel unserer Eltern streiten gelernt. Aus unserer Kindheit brachten wir eine Menge schlechter Kommunikationsgewohnheiten mit in die Ehe.

5) „Das Leben ist schwierig." Eine gesunde Ehe zu verwirklichen, ist nicht leicht. Jede Ehe erfordert harte Arbeit. Das Leben ist aus vielen Gründen schwierig, und dazu gehören die Herausforderungen einer gesunden Ehe. Es ist realistisch zu erwarten, daß unsere Ehe intensive Arbeit erfordern wird, aber auf lange Sicht wird sich die Mühe lohnen.

Neunzehnter Tag

Wählen Sie eine der zwölf Wahrheiten dieses Buches und nehmen Sie sich heute bewußt Zeit, um darüber zu meditieren. Nehmen wir als Beispiel die Wahrheit „Sie haben keinen Anspruch".

Lassen Sie sich den Satz zuerst fünf Minuten durch den Kopf gehen. Geben Sie Ihrem Verstand Zeit, ihn innerlich zu erfassen.

Als nächstes sagen Sie sich Variationen dieser Wahrheit wie: „Ich habe keinen Anspruch auf Liebe", „Ich habe keinen Anspruch auf Fairneß", „Ich habe keinen Anspruch darauf, immer meinen Willen zu bekommen", „Ich habe keinen Anspruch auf ein gutes Leben", „Ich habe keinen Anspruch auf Freundlichkeit, „Ich habe keinen Anspruch darauf, daß andere mir zuhören" und so weiter. Vielleicht wollen Sie auch über den Gedanken meditieren: „Es ist in Ordnung, sich ____________________ (Liebe, Fairneß, Freundlichkeit usw.) zu *wünschen,* aber ich habe kein angestammtes Recht auf diese Dinge."

Welche Wahrheit Sie sich auch aussuchen, der Zweck dieser Übung besteht darin, sich in Gedanken eingehend damit zu befassen, die Wahrheit geistig zu „trainieren", so daß sie in Ihrem Denken an Stärke gewinnt. Die Wahrheit braucht Zeit, um sich in Ihrem Denken zu verankern und die Lügen auszuräumen, die dort so lange ansässig waren.

Zwanzigster Tag

Nehmen Sie eine der Wahrheiten, die in diesem Buch erörtert wurden, und achten Sie während des Tages auf Ereignisse, die diese Wahrheit bestätigen. Bei der Wahrheit „Sie haben keinen Anspruch" achten Sie zum Beispiel auf Situationen, in denen Sie nicht bekommen, worauf Sie Anspruch zu haben glauben. Vielleicht halten Sie jemandem die Tür auf und erwarten ein „Dankeschön", bekommen aber keines. Oder Sie kommen rechtzeitig zu einer Verabredung zum Essen und erwarten, daß auch Ihr Freund pünktlich kommt, müssen aber zwanzig Minuten auf ihn warten. Oder Sie arbeiten den ganzen Tag lang hart und glauben, abends Anspruch auf eine saubere Wohnung und ein wenig Ruhe und Frieden zu haben, finden aber Ihre Wohnung in heillosem Durcheinander vor, während die Kinder eine wilde Jagd über Tische und Bänke veranstalten.

Welche Wahrheit Sie auch wählen, in dieser Übung geht es darum, die jeweilige Wahrheit durch selbst beobachtete Fakten zu stützen. Die Wahrheit theoretisch zu erfassen, ist eine Sache. Sie im „Laboratorium des Lebens" als wahr zu erweisen, ist eine andere. Sammeln Sie so viele Beweise für die Wahrheit, wie Sie können, und schreiben Sie sie auf. Vertiefen Sie Ihr Verständnis und Ihre Wertschätzung der Wahrheit durch das, was Sie entdecken.

Einundzwanzigster Tag

Verfassen Sie für jede der zwölf Wahrheiten, die in diesem Buch erörtert wurden, eine kurze Antwort auf die Frage:

Wie würde sich mein Leben verändern, wenn ich diese Wahrheit wirklich glauben und praktizieren würde? Durch diese Aufgabe können Sie eine Vorstellung bekommen, welche Veränderungen in Ihrem Leben geschehen würden, wenn Sie Ihr Handeln wirklich durch diese Wahrheiten bestimmen ließen.

Zweiundzwanzigster Tag

Wählen Sie eine der zwölf Wahrheiten und verhalten Sie sich heute entsprechend. Bei unserem Beispiel „Sie haben keinen Anspruch" verhalten Sie sich in jeder Situation so, als hätten Sie keinen Anspruch. Halten Sie jemandem die Tür auf, um freundlich zu sein, ohne Dank zu erwarten. Seien Sie pünktlich, weil Sie dies für richtig halten, und erheben Sie keinen Anspruch darauf, daß auch die andere Person pünktlich ist. Gehen Sie am Ende eines langen Tages nach Hause, ohne zu meinen, die Welt sei Ihnen für Ihre harte Arbeit etwas schuldig. Tun Sie alles nur, weil Sie es für richtig halten, nicht weil Sie etwas erwarten, worauf Sie Anspruch zu haben glauben. Leben Sie einen Tag lang so, als hätten Sie auf nichts einen Anspruch, und lernen Sie alles als Geschenk zu schätzen, was Ihnen umsonst zuteil wird. „Tun" Sie einmal die Wahrheit so, als hielten Sie sie für wahr.

Dreiundzwanzigster Tag

Schreiben Sie einen kurzen Aufsatz mit dem Titel: „Meine Quelle der Wahrheit ist ..." Bei dieser Aufgabe sollen Sie ehrlich prüfen, auf wen oder was Sie sich als Quelle der Wahrheit gestützt haben. Vielleicht sind es Eltern, Lehrer, enge Freunde, Pastor, politische Führer oder Nachrichtensprecher. Vielleicht neigen Sie dazu, das Denken anderen zu überlassen, oder Sie machen sich Ihre eigenen Gedanken, wenn es darum geht, die Wahrheit herauszufinden. Vielleicht wollen Sie auch erörtern, ob das, was Sie bisher glaubten, sich in Ihrem Leben wirklich als wahr erwiesen hat oder nur oberflächlich als Wahrheit erschien.

Vierundzwanzigster Tag

Befassen Sie sich mit dem Anspruch Jesu Christi, die Wahrheit zu sein. Glauben Sie ihm, was er sagte? Wenn ja, warum? Und wenn nein, warum nicht? Denken Sie selbst darüber nach, ob Christus die Wahrheit ist oder nicht, und lassen Sie sich nicht durch Vorurteile oder Verhaltensweisen von Christen davon abhalten.

Fünfundzwanzigster Tag

Nehmen Sie die fünf häufigsten Lügen, die Sie am neunten Tag identifiziert haben, und suchen Sie in der Bibel nach Versen, die gegen diese Lügen sprechen. Lernen Sie diese Verse auswendig. Wenn Sie dazu Hilfe brauchen, schlagen Sie im Anhang A meines Buchs *Lügen, die wir glauben* nach, und suchen Sie sich aus den dort aufgelisteten Versen die passenden aus.

Sechsundzwanzigster bis achtundzwanzigster Tag

Verwenden Sie das TRUTH-System, um Ihre fünf destruktivsten Lügen zu bekämpfen, aber setzen Sie diesmal die Bibelverse ein, die Sie gelernt haben. Zitieren Sie diese Bibelverse nicht einfach beiläufig als das zweite „T“, als ob sie keine Tiefe hätten. Prüfen Sie eingehend, was diese Verse aussagen und warum sie wahr sind. Finden Sie Schlüsselwörter in jedem Vers und betrachten Sie diese besonders genau. Gebrauchen Sie während der nächsten drei Tage diese biblischen Wahrheiten, um Ihre Lügen zu bekämpfen.

Neunundzwanzigster Tag

Lesen Sie eines der vier Evangelien (Matthäus, Markus, Lukas oder Johannes) und notieren Sie sich alle Wahrheiten, die sich auf emotionale und geistliche Gesundheit beziehen. Gehen Sie diese Wahrheiten danach noch einmal durch und wählen Sie fünf oder sechs aus, die Ihnen am wichtigsten erscheinen. Lernen Sie auch diese Verse auswendig und verwenden Sie sie in Ihrem TRUTH-Tagebuch, um Lügen zu bekämpfen, die in Ihrem Leben emotionale Schwierigkeiten verursachen.

Dreißigster Tag

Lesen Sie Ihre Aufzeichnungen zu allen Übungen, die Sie während des vergangenen Monats gemacht haben, noch einmal durch. Was haben Sie gelernt? Inwiefern hat Ihre emotionale Gesundheit sich gebessert? Klopfen Sie sich selbst auf die Schulter; für Ihre harte Arbeit haben Sie Anerkennung verdient.

Entscheiden Sie aufgrund Ihrer Bilanz des vergangenen Monats, welche Übungen Ihnen am meisten geholfen haben und welche Sie fortsetzen möchten, um sich die Wahrheit noch umfassender anzueignen. Vielleicht wollen Sie weiterhin das TRUTH-System benutzen, um Ihre Lügen aufzuspüren und sie mit der Wahrheit zu bekämpfen. Vielleicht wollen Sie weitere Fakten sammeln, um die Wahrheiten zu stützen, die Sie in diesem Buch und aus anderen Quellen gelernt haben. Vielleicht wollen Sie die Ansichten verschiedener „Experten" über den Zusammenhang zwischen Wahrheit und seelischer Gesundheit studieren, indem Sie die neuesten Bücher zum Thema verfolgen. Sicherlich wollen Sie weiterhin die Bibel als Quelle absoluter Wahrheit studieren.

Was immer Sie tun, lassen Sie Ihre Fortschritte nicht wieder versickern. Sie haben hart gearbeitet, um das ganze Programm zu durchlaufen, und können jetzt auf dem Erlernten aufbauen. Bleiben Sie am Ball! Geben Sie der Wahrheit Zeit, in Ihrem Leben zu wirken. Die Ergebnisse werden phantastisch sein.

Anhang

Biblische Grundlagen der zwölf zweifelsfreien Wahrheiten für emotionale Gesundheit

Erste Wahrheit: Irren ist menschlich

Moralische Verfehlungen gehören in der Tat zum Menschsein dazu. Die Bibel lehrt, daß wir eine sündige Natur haben. Das bedeutet, daß wir von uns aus zur Sünde neigen und den moralischen Anspruch verfehlen. Vergleichen Sie diese Ansicht mit der Annahme der humanistischen Psychologie, daß der Mensch im Grund gut sei. Sie werden sehen, daß zwischen diesen beiden Aussagen über die menschliche Natur Welten liegen.

Im folgenden finden Sie Bibelstellen, die die Realität der sündigen Natur in uns allen unterstreichen:

Psalm 51,7
Siehe, ich bin als Sünder geboren, und meine Mutter hat mich in Sünden empfangen.

Römer 3,10-11
Wie geschrieben steht: „Da ist keiner, der gerecht ist, auch nicht einer. Da ist keiner, der verständig ist; da ist keiner, der nach Gott fragt."

Römer 3,22-23
Denn es ist hier kein Unterschied: sie sind allesamt Sünder und ermangeln des Ruhmes, den sie bei Gott haben sollten.

Römer 7,18
Denn ich weiß, daß in mir, das heißt in meinem Fleisch, nichts Gutes wohnt. Wollen habe ich wohl, aber das Gute vollbringen kann ich nicht.

Römer 8,12-13
So sind wir nun, liebe Brüder, nicht dem Fleisch schuldig, daß wir nach dem Fleisch leben. Denn wenn ihr nach dem Fleisch lebt, so werdet ihr sterben müssen.

Galater 5,19-21
Offenkundig sind aber die Werke des Fleisches, als da sind: Unzucht, Unreinheit, Ausschweifung, Götzendienst, Zauberei, Feindschaft, Hader, Eifersucht, Zorn, Zank, Zwietracht, Spaltungen, Neid, Saufen, Fressen und dergleichen.

Zweite Wahrheit: Das Leben ist nicht so, wie es sein sollte

Diese Wahrheit ergibt sich aus der Kombination einer Reihe von biblischen Lehren.

▷ *Wir haben eine sündige Natur, die jeden von uns zur Ungerechtigkeit neigen läßt:*

Römer 7,18
Denn ich weiß, daß in mir, das heißt in meinem Fleisch, nichts Gutes wohnt. Wollen habe ich wohl, aber das Gute vollbringen kann ich nicht.

▷ *Die Welt ist auf einem sündigen Kurs:*

Epheser 2,1-3
Auch ihr wart tot durch eure Übertretungen und Sünden, in denen ihr früher gelebt habt nach der Art dieser Welt, unter dem Mächtigen, der in der Luft herrscht, nämlich dem Geist,

der zu dieser Zeit am Werk ist in den Kindern des Ungehorsams. Unter ihnen haben auch wir alle einst unser Leben geführt in den Begierden unsres Fleisches und taten den Willen des Fleisches und der Sinne und waren Kinder des Zorns von Natur wie auch die andern.

▷ *Satan ist darauf aus, uns zu vernichten:*

Johannes 10,10
Ein Dieb kommt nur, um zu stehlen, zu schlachten und umzubringen.

▷ *Unsere Fähigkeit, diese und andere wichtige Realitäten des Lebens zu verstehen, ist begrenzt:*

Jesaja 55,8-9
Denn meine Gedanken sind nicht eure Gedanken, und eure Wege sind nicht meine Wege, spricht der Herr, sondern soviel der Himmel höher ist als die Erde, so sind auch meine Wege höher als eure Wege und meine Gedanken als eure Gedanken.

Angesichts dieser Wahrheiten überrascht es nicht, daß die Menschen sich so unmoralisch verhalten. Ja, es müßte uns eigentlich viel mehr überraschen, wenn Menschen sich nicht unmoralisch verhalten.

Damit will ich nicht sagen, daß unmoralisches Verhalten akzeptabel wäre. Dadurch, daß etwas aufgrund der menschlichen Natur „so kommen mußte“, wird es nicht richtiger oder akzeptabler. Aber ich möchte deutlich machen, daß mehrere Faktoren zusammenwirken und das Böse erwarten lassen: die sündige menschliche Natur, die Bemühungen Satans, uns zu vernichten, und unser begrenztes Verständnis. Ich glaube, daß wir das Böse in diesem Licht sehen und dennoch mit aller Macht, die Gott uns zur Verfügung stellt, dagegen ankämpfen müssen.

Dritte Wahrheit: Sie können es nicht jedem recht machen

Die deutlichste biblische Grundlage für diese Wahrheit ist das Leben Christi. Er war moralisch vollkommen, und doch haßten ihn viele Menschen.

Jesaja 53,3
Er war der Allerverachtetste und Unwerteste, voller Schmerzen und Krankheit. Er war so verachtet, daß man das Angesicht vor ihm verbarg; darum haben wir ihn für nichts geachtet.

Man könnte meinen, daß derjenige Mensch moralisch vollkommen wäre, der es jedem recht macht, aber das Leben Christi beweist das Gegenteil. Die Bibel lehrt sogar, daß es nicht einmal wünschenswert ist, nach der Anerkennung der Menschen zu trachten, denn dadurch geraten wir in Konflikt mit dem Wunsch Gottes, ihn zu verherrlichen und als Menschen zu reifen. Folgende Verse stützen diese Sicht:

Galater 1,10
Predige ich denn jetzt Menschen oder Gott zuliebe? Oder suche ich Menschen gefällig zu sein? Wenn ich noch Menschen gefällig wäre, so wäre ich Christi Knecht nicht.

1. Thessalonicher 2,4
Sondern weil Gott uns für wert geachtet hat, uns das Evangelium anzuvertrauen, darum reden wir, nicht, als wollten wir den Menschen gefallen, sondern Gott, der unsere Herzen prüft.

Jakobus 4,4
Ihr Abtrünnigen, wißt ihr nicht, daß Freundschaft mit der Welt Feindschaft mit Gott ist? Wer der Welt Freund sein will, der wird Gottes Feind sein.

Gottes Anerkennung soll unser Ziel sein, nicht die Anerkennung der Menschen. Ich würde mir um jemanden, der scheinbar die Anerkennung aller Menschen genießt, mehr Sorgen machen als um jemanden, der auch einmal auf Ablehnung stößt. Denn solch ein Mensch müßte ein „Chamäleon" ohne feste Überzeugungen und Wertvorstellungen sein. Ich möchte lieber für etwas einstehen und dafür verachtet oder gehaßt werden, als keinen Standpunkt zu vertreten und von den meisten akzeptiert zu werden.

Vierte Wahrheit: Sie müssen nicht

Die Bibel lehrt, daß wir einen freien Willen haben, die Freiheit zu tun, was immer wir wollen. Ein reines „Müssen" gibt es nicht. Wir haben die Freiheit, unseren Weg selbst zu bestimmen, aber diese Entscheidungen haben auch Folgen.

Einer der wichtigen Aspekte des Todes Christi am Kreuz war, daß er uns von der untragbaren Last befreite, durch das Halten des „Gesetzes" Gottes Wohlgefallen zu gewinnen (Matthäus 10,8). Das Gesetz besagte: „Du mußt__________ __________ tun, um Gott zu gefallen", doch der sündige Mensch kann aus eigener Kraft niemals das ganzeGesetz erfüllen. Der Tod Christi hat uns davon befreit, um die Gunst Gottes durch gute Werke verdienen zu müssen. Durch den Glauben an Jesus und seinen Tod am Kreuz für uns schenkt Gott uns Vergebung und macht uns „umsonst" zu seinen Kindern. Aus Dankbarkeit darüber und aus Liebe zu Gott sollen wir dann als Gläubige nach Gerechtigkeit streben.

Einige der Verse, die diese Wahrheit stützen, lauten:

5. Mose 30,19-20

Ich nehme Himmel und Erde heute über euch zu Zeugen: Ich habe euch Leben und Tod, Segen und Fluch vorgelegt, damit du das Leben erwählst und am Leben bleibst, du und deine Nachkommen, indem ihr den Herrn, euren Gott, liebt und seiner Stimme gehorcht und ihm anhanget.

Sprüche 8,10-11
Nehmt meine Zucht an lieber als Silber und achtet Erkenntnis höher als kostbares Gold. Denn Weisheit ist besser als Perlen, und alles, was man wünschen mag, kann ihr nicht gleichen.

Sprüche 16,16
Weisheit erwerben ist besser als Gold und Einsicht erwerben edler als Silber.

Matthäus 10,8
Umsonst habt ihr's empfangen, umsonst gebt es auch.

Johannes 7,17
Wenn jemand dessen Willen tun will, wird er innewerden, ob diese Lehre von Gott ist oder ob ich von mir selbst aus rede.

Galater 5,1
Zur Freiheit hat uns Christus befreit! So steht nun fest und laßt euch nicht wieder das Joch der Knechtschaft auflegen!

Fünfte Wahrheit: Keiner ist unsterblich

Die Bibel ist in bezug auf diese Wahrheit unmißverständlich. Das Leben ist uns von Gott geschenkt, und dieses Leben wird eines Tages enden. Die Bibel lehrt auch, daß wir nur einmal sterben, was die Reinkarnationslehre unhaltbar macht. Wir leben tatsächlich nur einmal, und das soll uns motivieren, unsere Reise durchs Leben wichtigen Dingen zu widmen, die nicht nur zeitliche, sondern ewige Bedeutung haben. Wir sollen unser Leben auf Gottes Pläne gründen, nicht auf unsere eigenen.

Einige Bibelstellen über die Wahrheit „Sie werden sterben“ lauten:

Psalm 89,49
Wo ist jemand, der da lebt und den Tod nicht sähe, der seine Seele errette aus des Todes Hand?

Prediger 3,2
Geboren werden hat seine Zeit, sterben hat seine Zeit.

Prediger 7,2
Es ist besser, in ein Haus zu gehen, wo man trauert, als in ein Haus, wo man feiert; denn da zeigt sich das Ende aller Menschen, und der Lebende nehme es zu Herzen!

Hebräer 9,27
Und wie den Menschen bestimmt ist, einmal zu sterben ...

Sechste Wahrheit: Im Kampf liegt die Tugend, nicht im Preis

Die Bibel lehrt, daß wir in diesem Leben niemals vollkommen moralisch oder reif sein werden, so sehr wir uns auch bemühen. Unter diesem Aspekt möchte ich behaupten, daß das *Bemühen* um Gerechtigkeit und Reife die Tugend ist, während der „Preis“ vollkommener Gerechtigkeit und Reife unerreichbar ist.

Die „gute Nachricht“ ist, daß der Tod Christi am Kreuz das Problem unserer moralischen Unvollkommenheit gelöst hat. Wenn wir an Christus glauben und ihn als unseren Erlöser annehmen, sind wir in Gottes Augen gerecht gemacht, weil Jesus Christus für unsere Sünden am Kreuz gestorben ist.

Die Schlüsselverse der Wahrheit „Im Kampf liegt die Tugend, nicht im Preis“ sind meiner Meinung nach die folgenden:

Philipper 3,12-15
Nicht, daß ich's schon ergriffen habe oder schon vollkommen sei; ich jage ihm aber nach, ob ich's wohl ergreifen könnte, weil ich von Christus Jesus ergriffen bin. Meine Brüder, ich schätze mich selbst noch nicht so ein, daß ich's ergriffen habe. Eins aber sage ich: Ich vergesse, was dahinten ist, und strecke mich aus nach dem, was da vorne ist, und jage nach dem vorgesteckten Ziel, dem Siegespreis der himmlischen Berufung Gottes in Christus Jesus. Wie viele nun von uns vollkommen sind, die laßt uns so gesinnt sein. Und solltet ihr in einem Stück anders denken, so wird euch Gott auch das offenbaren.

Hebräer 12,1-3
Darum auch wir: Weil wir eine solche Wolke von Zeugen um uns haben, laßt uns ablegen alles, was uns beschwert, und die Sünde, die uns ständig umstrickt, und laßt uns laufen mit Geduld in dem Kampf, der uns bestimmt ist, und aufsehen zu Jesus, dem Anfänger und Vollender des Glaubens, der, obwohl er hätte Freude haben können, das Kreuz erduldete und die Schande geringachtete und sich gesetzt hat zur Rechten des Thrones Gottes.

Siebente Wahrheit: Sie haben keinen Anspruch

Wenn die Bibel lehrt, daß wir irgendetwas verdient hätten, dann wäre das, die Ewigkeit wegen unserer Sünden in der Hölle zu verbringen. „Aber Gott, der reich ist an Barmherzigkeit, hat in seiner großen Liebe, mit der er uns geliebt hat, auch uns, die wir tot waren in den Sünden, mit Christus lebendig gemacht – aus Gnade seid ihr selig geworden“ (Epheser 2,4-5). Zu glauben, daß wir auf irgendetwas einen Anspruch hätten, ist purer Stolz, und die Bibel sagt, daß Gott Stolz verabscheut: „Gott widersteht den Hochmütigen, aber den Demütigen gibt er Gnade“ (Jakobus 4,6). Die Erlösung ist das Ergebnis der Gnade Gottes, nicht etwas, das wir uns durch gutes Verhalten verdient hätten.

Dasselbe möchte ich über menschliche Beziehungen sagen. Ebenso, wie wir keinen Anspruch auf Gottes Liebe oder Vergebung noch irgend etwas sonst erheben können, haben wir auch keinen solchen Anspruch gegenüber anderen Menschen. Es ist nicht unser angestammtes Recht, daß unsere Bedürfnisse von anderen befriedigt werden, und so etwas zu glauben bringt uns nur Zorn und Verbitterung ein. Sich zu wünschen, daß unsere Bedürfnisse befriedigt werden, und bescheiden danach zu streben, ist die angemessenere Einstellung.

Epheser 2,1-9

Auch ihr wart tot durch eure Übertretungen und Sünden, in denen ihr früher gelebt habt nach der Art dieser Welt, unter dem Mächtigen, der in der Luft herrscht, nämlich dem Geist, der zu dieser Zeit am Werk ist in den Kindern des Ungehorsams. Unter ihnen haben auch wir alle einst unser Leben geführt in den Begierden unsres Fleisches und taten den Willen des Fleisches und der Sinne und waren Kinder des Zorns von Natur wie auch die andern. Aber Gott, der reich ist an Barmherzigkeit, hat in seiner großen Liebe, mit der er uns geliebt hat, auch uns, die wir tot waren in den Sünden, mit Christus lebendig gemacht – aus Gnade seid ihr selig geworden –; und er hat uns mit auferweckt und mit eingesetzt im Himmel in Christus Jesus, damit er in den kommenden Zeiten erzeige den überschwenglichen Reichtum seiner Gnade durch seine Güte gegen uns in Christus Jesus. Denn aus Gnade seid ihr selig geworden durch Glauben, und das nicht aus euch: Gottes Gabe ist es, nicht aus Werken, damit sich nicht jemand rühme.

Achte Wahrheit: Ohne Schweiß kein Preis

Der Gedanke, daß wir ohne Leiden nicht zur Reife gelangen, zieht sich durch die ganze Bibel. Die Bibel lehrt, daß das Leiden um der Gerechtigkeit willen „gutes“ Leiden ist, dem man nicht ausweichen soll: „Meine lieben Brüder, erachtet es für lauter Freude, wenn ihr in mancherlei Anfechtungen fallt, und wißt, daß euer Glaube, wenn er bewährt ist, Geduld wirkt. Die Geduld aber soll ihr Werk tun bis ans Ende, damit ihr vollkommen und unversehrt seid und kein Mangel an euch sei“ (Jakobus 1,2-4).

Wir beklagen uns zwar oft über Probleme und das Leiden, das sie mit sich bringen, aber gerade durch solche schmerzhaften Erfahrungen können wir zur Reife gelangen. Der Preis persönlichen Leidens ist hoch, lohnt sich aber reichlich. Paulus schreibt in Philipper 3,8: „Ja, ich erachte es noch alles für Schaden gegenüber der überschwenglichen Erkenntnis Christi Jesu, meines Herrn. Um seinetwillen ist mir das alles ein Schaden geworden, und ich erachte es für Dreck, damit ich Christus gewinne.“

Ebenso, wie wir unseren Kindern schwierige Rechenprobleme vorlegen, damit sie wichtige mathematische Fertigkeiten erlernen, stellt uns das Leben vor schwierige Probleme, die in uns wichtige Lebensfertigkeiten hervorbringen können. Lassen Sie sich von niemandem weismachen, es ließe sich „schmerzlos“ etwas gewinnen: es würde Sie auf einen tödlichen Pfad führen, den Sie nicht betreten wollen.

Neunte Wahrheit: Die Vergangenheit ist noch nicht vorbei

Bei dieser Wahrheit muß man schon etwas genauer hinschauen, aber ich glaube, auch sie läßt sich biblisch begründen. Die Bibel spricht von der Notwendigkeit, als Erwachsene kindliche Denkweisen hinter sich zu lassen, und impliziert damit, daß Denkweisen aus unserer Kindheit auch im Erwachsenenalter noch in uns wirksam sein und unseren Reifungsprozeß behindern können. Außerdem gibt es eine Reihe von Versen, die davon sprechen, wie wichtig es ist, Kinder in der Wahrheit zu erziehen, damit sie auch später nicht davon abweichen. Genauso haben natürlich auch Kinder, die mit Lügen und Verzerrungen aufgewachsen sind, es später in ihrem Leben schwer, sich von diesen Denkweisen zu lösen. Das habe ich in meiner Arbeit als Psychologe immer wieder festgestellt.

Die Ereignisse unserer Vergangenheit dürfen wir zwar nicht mißbrauchen, um unsere Unreife und Ungerechtigkeit zu rechtfertigen, doch ich glaube, daß unsere Ansichten über Gott, über uns selbst, über andere und über das Leben in dieser Zeit wesentlich geprägt wurden. Irrige Überzeugungen, die wir in der Kindheit übernommen haben, müssen aufgedeckt und durch die Wahrheit ersetzt werden, sonst werden sie unser Leben als Erwachsene nicht nur bestimmen, sondern sogar zugrunde richten.

Im folgenden finden Sie einige Verse, die diese Wahrheit erkennen lassen:

5. Mose 4,9
Hüte dich nur und bewahre deine Seele gut, daß du nicht vergißt, was deine Augen gesehen haben, und daß es nicht aus deinem Herzen kommt dein ganzes Leben lang. Und du sollst deinen Kindern und Kindeskindern kundtun ...

5. Mose 11,18-19
So nehmt nun diese Worte zu Herzen und in eure Seele und bindet sie zum Zeichen auf eure Hand und macht sie zum Merkzeichen zwischen euren Augen und lehrt sie eure Kinder, daß du davon redest, wenn du in deinem Hause sitzt oder unterwegs bist, wenn du dich niederlegst und wenn du aufstehst.

Sprüche 22,6
Gewöhne einen Knaben an seinen Weg, so läßt er auch nicht davon, wenn er alt wird.

Sprüche 29,17
Züchtige deinen Sohn, so wird er dir Freude machen und deine Seele erquicken.

1. Korinther 13,11
Als ich ein Kind war, da redete ich wie ein Kind und dachte wie ein Kind und war klug wie ein Kind; als ich aber ein Mann wurde, tat ich ab, was kindlich war.

1. Korinther 14,20
Liebe Brüder, seid nicht Kinder, wenn es ums Verstehen geht; sondern seid Kinder, wenn es um Böses geht; im Verstehen aber seid vollkommen.

Epheser 6,4
Und ihr Väter, reizt eure Kinder nicht zum Zorn, sondern erzieht sie in der Zucht und Ermahnung des Herrn.

Kolosser 3,21
Ihr Väter, erbittert eure Kinder nicht, damit sie nicht scheu werden.

Zehnte Wahrheit: Emotionale Probleme können hilfreich sein

Niemand von uns möchte emotional gestört sein, und das Ideale wäre, wenn wir nie unter krankhaften emotionalen Beschwerden zu leiden hätten. Angesichts unserer sündigen Natur können tiefgreifende emotionale Probleme jedoch nicht ausbleiben. Wir mögen darüber klagen, aber diese Probleme sind ein wertvolles Signal, daß irgend etwas in unserem Denken der Korrektur bedarf. Daher kann emotionales Leiden zum Sprungbrett für Wachstum und Reifung werden.

Ein weiterer positiver Effekt emotionaler Probleme ist, daß sie uns befähigen können, mit Menschen in Not mitzuleiden. Wenn wir durch emotionales Leid gegangen sind, dann wissen wir auch, wie es anderen in einer solchen Situation ergeht.

Genau wie Sie würde auch ich am liebsten seelisch so gesund bleiben, daß ich nie unter emotionalen Problemen zu leiden hätte. Aber da ich nun einmal dazu neige, nicht auf die Wahrheit zu hören oder sie nicht zu praktizieren, können schmerzhafte emotionale Probleme nicht ausbleiben. Da sie mir signalisieren, daß ich etwas korrigieren muß, kann ich Gott sogar dafür danken.

Folgende Bibelstellen verdeutlichen die Wahrheit „Emotionale Probleme sind gut“:

Matthäus 5,4
Selig sind, die da Leid tragen; denn sie sollen getröstet werden.

2. Korinther 1,3-4
Gelobt sei Gott, der Vater unseres Herrn Jesus Christus, der Vater der Barmherzigkeit und Gott allen Trostes, der uns tröstet in aller unserer Trübsal, damit wir auch trösten können, die in allerlei Trübsal sind, mit dem Trost, mit dem wir selber getröstet werden von Gott.

Römer 5,3-4
Nicht allein aber das, sondern wir rühmen uns auch der Bedrängnisse, weil wir wissen, daß Bedrängnis Geduld bringt, Geduld aber Bewährung, Bewährung aber Hoffnung, Hoffnung aber läßt nicht zuschanden werden; denn die Liebe Gottes ist ausgegossen in unsre Herzen durch den heiligen Geist, der uns gegeben ist.

Römer 8,28
Wir wissen aber, daß denen, die Gott lieben, alle Dinge zum Besten dienen, denen, die nach seinem Ratschluß berufen sind.

Jakobus 1,2-4
Meine lieben Brüder, erachtet es für lauter Freude, wenn ihr in mancherlei Anfechtungen fallt, und wißt, daß euer Glaube, wenn er bewährt ist, Geduld wirkt. Die Geduld aber soll ihr Werk tun bis ans Ende, damit ihr vollkommen und unversehrt seid und kein Mangel an euch sei.

Elfte Wahrheit: Das Leben ist schwierig

Die Bibel lehrt, daß seit dem moralischen Fall des Menschen das Leben für alle schwierig ist, weil dadurch die Sünde in die Welt kam. Der schlagendste Beweis für die Schwierigkeit des Lebens ist das Leben Christi. Er, der gemeinsam mit Gott, dem Vater, und Gott, dem Heiligen Geist, das Universum schuf, hatte ein äußerst schwieriges Leben. Seine Geburt in einem übelriechenden Stall, die vielen Mordanschläge, die unfairen Attacken auf seinen Charakter, die Treulosigkeit seiner eigenen Freunde, Peitschenhiebe und sein Tod am Kreuz weisen darauf hin.

Folgende Bibelverse unterstützen die Wahrheit „Das Leben ist schwierig“:

1. Mose 3,17-19
Und zum Manne sprach er: Weil du gehorcht hast der Stimme deines Weibes und gegessen von dem Baum, von dem ich dir gebot und sprach: Du sollst nicht davon essen –, verflucht sei der Acker um deinetwillen! Mit Mühsal sollst du dich von ihm nähren dein Leben lang. Dornen und Disteln soll er dir tragen, und du sollst das Kraut auf dem Felde essen. Im Schweiße deines Angesichts sollst du dein Brot essen, bis du

wieder zu Erde werdest, davon du genommen bist. Denn du bist Erde und sollst zu Erde werden.

Prediger 2,22-23
Denn was kriegt der Mensch von aller seiner Mühe und dem Streben seines Herzens, womit er sich abmüht unter der Sonne? Alle seine Tage sind voller Schmerzen, und voll Kummer ist sein Mühen, daß auch sein Herz des Nachts nicht Ruhe findet. Das ist auch eitel.

Matthäus 6,34
Darum sorgt nicht für morgen, denn der morgige Tag wird für das Seine sorgen. Es ist genug, daß jeder Tag seine eigene Plage hat.

Zwölfte Wahrheit: Was der Mensch sät, das wird er ernten

Diese Wahrheit ist in der Bibel häufig zu finden. Nach der Schrift läßt sich dieses Prinzip sowohl im negativen als auch im positiven Sinn auf unser Leben anwenden. Auf das Thema dieses Buches bezogen ist das Leben, das wir ernten, ein Produkt der Gedanken, die wir gesät haben.

Einige der biblischen Hinweise auf die Wahrheit „Sie ernten, was Sie gesät haben“ lauten:

Hiob 4,8
Wohl aber habe ich gesehen: Die da Frevel pflügten und Unheil säten, ernteten es auch ein.

Sprüche 11,18
Der Gottlosen Arbeit bringt trügerischen Gewinn; aber wer Gerechtigkeit sät, hat sicheren Lohn.

Sprüche 22,8
Wer Unrecht sät, der wird Unglück ernten, und die Rute seines Übermuts wird ein Ende haben.

2. Korinther 9,6
Ich meine aber dies: Wer da kärglich sät, der wird auch kärglich ernten; und wer da sät im Segen, der wird auch ernten im Segen.

Galater 6,7-8
Irret euch nicht! Gott läßt sich nicht spotten. Denn was der Mensch sät, das wird er ernten. Wer auf sein Fleisch sät, der wird von dem Fleisch das Verderben ernten; wer aber auf den Geist sät, der wird von dem Geist das ewige Leben ernten.

Biblische Kernaussagen über die Wahrheit

Die Wahrheit als Schutz

Psalm 40,12
Du aber, Herr, wollest deine Barmherzigkeit nicht von mir wenden; laß deine Güte und Treue allewege mich behüten.

Hingabe an die Wahrheit

Psalm 26,3
Und ich wandle in deiner Wahrheit.

Psalm 86,11
Weise mir, Herr, deinen Weg, daß ich wandle in deiner Wahrheit.

Sprüche 23,23
Kaufe Wahrheit und verkaufe sie nicht.

Jakobus 1,22-25
Seid aber Täter des Worts und nicht Hörer allein; sonst betrügt ihr euch selbst. Denn wenn jemand ein Hörer des Worts ist und nicht ein Täter, der gleicht einem Mann, der sein leibliches Angesicht im Spiegel beschaut; denn nachdem er sich beschaut hat, geht er davon und vergißt von Stund an, wie er aussah. Wer aber durchschaut in das vollkommene Gesetz der Freiheit und dabei beharrt und ist nicht ein vergeßlicher Hörer, sondern ein Täter, der wird selig sein in seiner Tat.

Der Mangel an Wahrheit in der Welt

Jesaja 59,14-15
Und das Recht ist zurückgewichen, und die Gerechtigkeit hat sich entfernt; denn die Wahrheit ist auf der Gasse zu Fall gekommen, und die Aufrichtigkeit findet keinen Eingang. Und die Wahrheit ist dahin, und wer vom Bösen weicht, muß sich ausplündern lassen.

Jeremia 7,28
Darum sprich zu ihnen: Dies ist das Volk, das auf die Stimme des Herrn, seines Gottes, nicht hören noch sich bessern will. Die Wahrheit ist dahin und ausgerottet aus ihrem Munde.

Jeremia 9,4
Ein Freund täuscht den andern, sie reden kein wahres Wort.

Römer 1,25
Sie, die Gottes Wahrheit in Lüge verkehrt und das Geschöpf verehrt und ihm gedient haben statt dem Schöpfer, der gelobt ist in Ewigkeit.

2. Timotheus 4,3-4
Denn es wird eine Zeit kommen, da sie die heilsame Lehre nicht ertragen werden; sondern nach ihren eigenen Gelüsten werden sie sich selbst Lehrer aufladen, nach denen ihnen die Ohren jucken, und werden die Ohren von der Wahrheit abwenden und sich den Fabeln zukehren.

Der Anspruch Christi, die Wahrheit zu sein

Johannes 14,6
Jesus spricht zu ihm: Ich bin der Weg und die Wahrheit und das Leben; niemand kommt zum Vater denn durch mich.

Johannes 18,37
Da fragte ihn Pilatus: So bist du dennoch ein König? Jesus antwortete: Du sagst es, ich bin ein König. Ich bin dazu geboren und in die Welt gekommen, daß ich die Wahrheit bezeugen soll. Wer aus der Wahrheit ist, der hört meine Stimme.

Ablehnung der Wahrheit und ihre Folgen

Römer 1,18
Denn Gottes Zorn wird vom Himmel her offenbart über alles gottlose Wesen und alle Ungerechtigkeit der Menschen, die die Wahrheit durch Ungerechtigkeit niederhalten.

Römer 2,8
Ungnade und Zorn aber denen, die streitsüchtig sind und der Wahrheit nicht gehorchen, gehorchen aber der Ungerechtigkeit.

2. Thessalonicher 2,10
... bei denen, die verloren werden, weil sie die Liebe zur Wahrheit nicht angenommen haben, daß sie gerettet würden.

2. Thessalonicher 2,12
... damit gerichtet werden alle, die der Wahrheit nicht glaubten, sondern Lust hatten an der Ungerechtigkeit.

Die Annahme der Wahrheit und ihre Folgen

Titus 1,1
Paulus, ein Knecht Gottes und ein Apostel Jesu Christi, nach dem Glauben der Auserwählten Gottes und der Erkenntnis der Wahrheit, die dem Glauben gemäß ist ...

Jakobus 1,18
Er hat uns geboren nach seinem Willen durch das Wort der Wahrheit, damit wir Erstlinge seiner Geschöpfe seien.

1. Petrus 1,22
Habt ihr eure Seelen gereinigt im Gehorsam der Wahrheit zu ungefärbter Bruderliebe, so habt euch untereinander beständig lieb aus reinem Herzen.

Gott, der Heilige Geist, leitet uns in der Wahrheit

Johannes 15,26
Wenn aber der Tröster kommen wird, den ich euch senden werde vom Vater, der Geist der Wahrheit, der vom Vater ausgeht, der wird Zeugnis geben von mir.

Johannes 16,13-15
Wenn aber jener, der Geist der Wahrheit, kommen wird, wird er euch in alle Wahrheit leiten. Denn er wird nicht aus sich selber reden; sondern was er hören wird, das wird er reden, und was zukünftig ist, wird er euch verkündigen. Er wird mich verherrlichen; denn von dem Meinen wird er's nehmen und euch verkündigen. Alles, was der Vater hat, das ist mein. Darum habe ich gesagt: Er wird's von dem Meinen nehmen und euch verkündigen.

Galater 5,22-23
Die Frucht aber des Geistes ist Liebe, Freude, Friede, Geduld, Freundlichkeit, Güte, Treue, Sanftmut, Keuschheit; gegen all dies ist das Gesetz nicht.

Die Rolle der Bibel in unserem Leben

Psalm 119,105
Dein Wort ist meines Fußes Leuchte und ein Licht auf meinem Wege.

2. Timotheus 3,16-17
Alle Schrift, von Gott eingegeben, ist nütze zur Lehre, zur Zurechtweisung, zur Besserung, zur Erziehung in der Gerechtigkeit, daß der Mensch Gottes vollkommen sei, zu allem guten Werk geschickt.

Hebräer 4,12
Denn das Wort Gottes ist lebendig und kräftig und schärfer als jedes zweischneidige Schwert, und dringt durch, bis es scheidet Seele und Geist, auch Mark und Bein, und ist ein Richter der Gedanken und Sinne des Herzens.

Anmerkungen

Erster Teil

[1] M. Scott Peck, *The Road Less Traveled* (New York: Touchstone, 1978), S. 16.
[2] Ich habe das TRUTH-System in modifizierter Form von Dr. Albert Ellis' ABCDE-Modell übernommen, das er in seinem gemeinsamen Buch mit Robert A. Harper darstellt, *A New Guide to Rational Living* (North Hollywood, Kalifornien: Wilshire, 1975). Dr. Ellis ist der Hauptinitiator der Self-Talk-Bewegung in der Psychologie.

Zweiter Teil

[1] Dr. Irvin Yalom, *Existential Psychotherapy,* New York, 1980.
[2] Dr. Dennis E. Hensley, *How to Manage Your Time,* Anderson, Indiana, 1989, S. 7.
[3] Russel Noyes, „Attitude Changes Following Near Death Experiences", *Psychiatry,* zitiert nach Dr. Irvin Yalom in *Existential Psychotherapy.*
[4] Yalom, *Existential Psychotherapy.*
[5] Lord Houghton, zitiert nach Robert Woolfolk und Frank Richardson, *Stress, Sanity, and Survival* (New York, 1978).
[6] Donald Trump, *Survival at the Top* (New York: Random, 1990).

Dritter Teil

[1] Das ist die ungesunde Reaktion (U).

Chris Thurman

Lügen, die wir glauben

Der Grund Nr. 1 für unser Unglücklichsein

Kaum zu glauben, welchen Lügen wir in den unterschiedlichsten Lebensbereichen auf den Leim gehen: „Du bist schuld, daß ich nicht glücklich bin!", „Ich muß perfekt sein!", „Du mußt alle meine Bedürfnisse erfüllen!", „Gott wird mich vor allem Übel bewahren!" ...
Die Heimtücke der Lebens-Lügen besteht eben darin, daß sie uns so lange schaden, wie sie uns als die reine Wahrheit erscheinen. Damit vernebeln sie uns die wirklich freie Lebensgestaltung. Aber mit fachkundiger Hilfe kann dieser Schleier vor dem wahren Lebensglück zerrissen werden!

Paperback, 218 Seiten
Bestell-Nr. 15 149